RONDO 3

Arbeitsheft

Herausgeber: Karl-Heinz Keller
Autoren: Karl-Heinz Keller
Othmar Kist

Inhalt

9. Auflage 2010
Bestell-Nr. 3701-27 · ISBN 978-3-619-37127-3 zu Schülerbuch 3701-20

Internetadresse: www.mildenberger-verlag.de

Druck: Graf. Centrum Cuno GmbH & Co. KG, 39240 Calbe. Gedruckt auf umweltfreundlichen Papieren.

Im Land der Blaukarierten

1. Im Land der Blaukarierten
sind alle blau kariert.

Doch wenn ein Rotgefleckter
sich mal dorthin verliert,

dann rufen Blaukarierte:
„Der passt zu uns doch nicht!
Er soll von hier verschwinden,
der rot gefleckte Wicht!“

2. Im Land der Rotgefleckten
sind alle rot gefleckt.

Doch wird ein Grüngestreifter
in diesem Land entdeckt,

dann rufen Rotgefleckte:
„Der passt zu uns doch nicht!
Er soll von hier verschwinden,
der grün gestreifte Wicht!“

3. Im Land der Grüngestreiften
sind alle grün gestreift.

Doch wenn ein Blaukarierter
so etwas nicht begreift,

dann rufen Grüngestreifte:
„Der passt zu uns doch nicht!
Er soll von hier verschwinden,
der blau karierte Wicht!“

4. Im Land der Buntgemischten
sind alle bunt gemischt.

Und wenn ein Gelbgetupfter
das bunte Land auffrischt,

dann rufen Buntgemischte:
„Willkommen hier im Land!
hier kannst du mit uns leben,
wir reichen dir die Hand!“

Text und Melodie: Klaus W. Hoffmann

Färbe die Texte und zeichne die entsprechenden Begleitinstrumente dazu.

Blaukarierte: blau 

Rotgefleckte: rot 

Grüngestreifte: grün 

Buntgemischte: bunt 

Gelbgetupfte: gelb 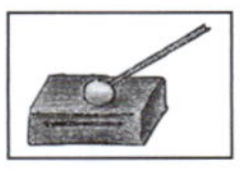

Kleine weiße Friedenstaube

2. Du sollst fliegen, Friedenstaube, allen sag es hier,
   dass nie wieder Krieg wir wollen, Frieden wollen wir.

3. Fliege übers große Wasser, über Berg und Tal;
   bringe allen Menschen Frieden, grüß sie tausendmal.

4. Und wir wünschen für die Reise Freude und viel Glück;
   kleine weiße Friedenstaube, komm recht bald zurück.

Versuche mit gegensätzlichen Farbtönen in einem Bild Streit und Frieden darzustellen.

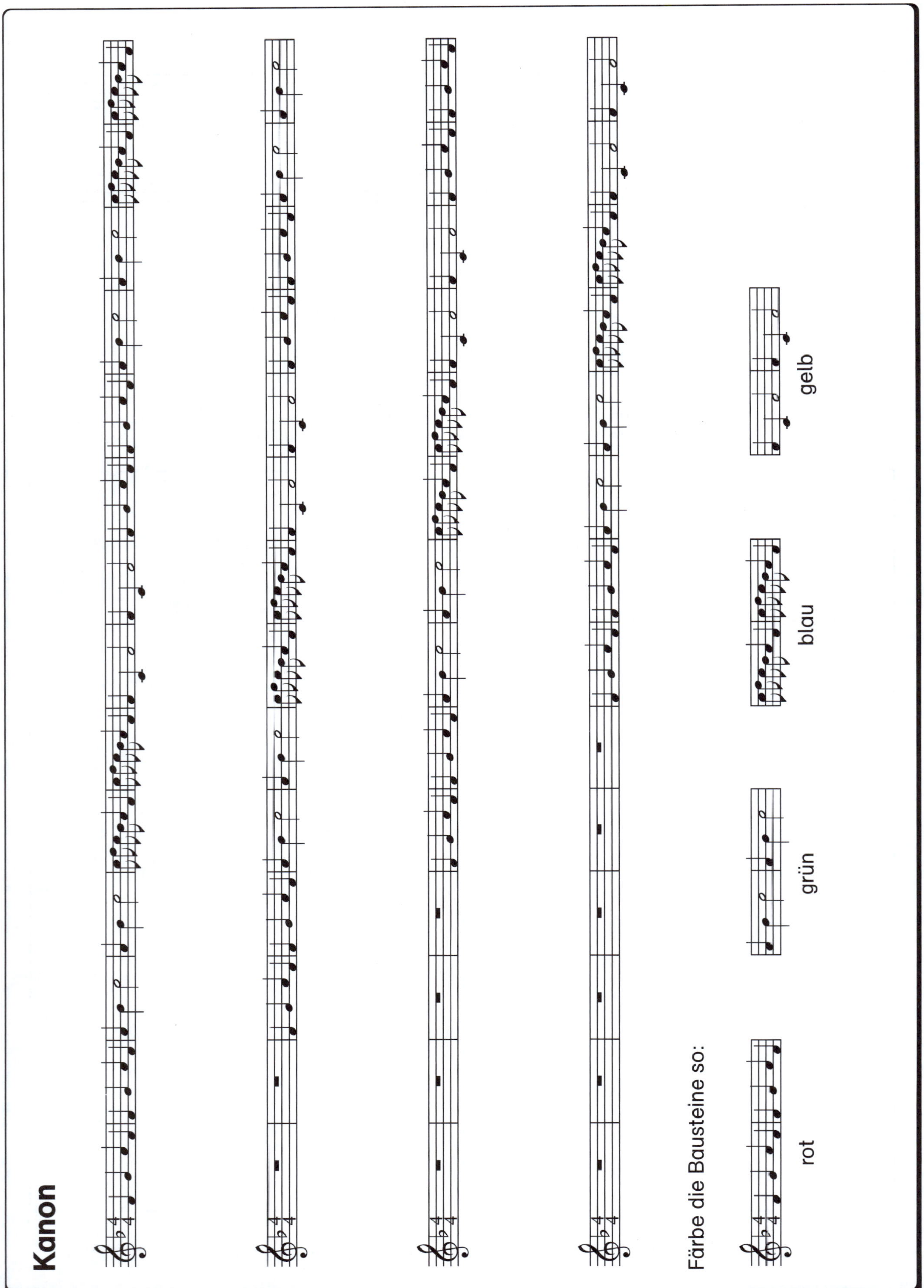
Kanon
Färbe die Bausteine so:
rot
grün
blau
gelb

Der Sonnenaufgang in der Musik

① Schreibe auf, mit welchen musikalischen Mitteln Joseph Haydn in „Die Jahreszeiten“ und „Die Schöpfung“ den Aufgang der Sonne beschreibt.

„Die Jahreszeiten“ (Gesang):

„Die Schöpfung“ (Orchester):

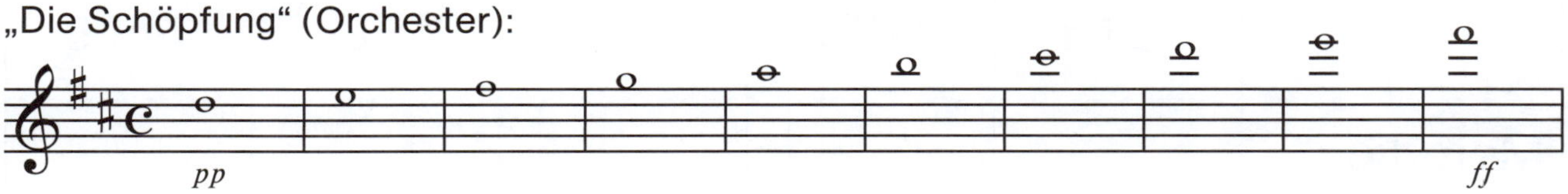

Musikalische Mittel	Die Jahreszeiten	Die Schöpfung
Tonhöhe		
Lautstärke		
Besetzung		

② Male einen Sonnenaufgang.

Trage die Wörter passend in die Tabelle ein.

Melodie A, Melodie B

lebhaft, ruhig

schnell, langsam

Flöte, Klarinette, Oboe, Pikkoloflöte

zupfen, streichen

	Teil 1	Teil 2	Teil 3	Teil 4	Teil 5
Melodie A oder B					
Art der Musik					
Tempo					
Hervortre-tendes Instrument					X
Streicher: zupfen oder streichen					

Ergänze den Lückentext. Die Wörter und Zahlen findest du in Rondo 3 auf Seite 15.

Béla Bartók wurde 1881 in ________ geboren. Sein ________ begeisterte ihn schon sehr früh für die Musik. Leider starb der Vater, als Béla erst ____ Jahre alt war. Von seiner Mutter erhielt er den ersten ________. Der begabte Junge komponierte schon mit acht Jahren kleine ________. Im Alter von ____ gab er bereits sein erstes Konzert auf dem ________. Als Béla 18 Jahre alt war, begann er in der Hauptstadt ________ Musik zu studieren. Viele Jahre reiste Béla Bartók durch Ungarn, Rumänien und andere Länder, um bei den Bauern ________ und ________ zu sammeln. Diese schrieb er auf oder benützte ein ________. 1940 verließ Béla Bartók seine Heimat und lebte in ________. Dort starb er 1945 ____ und ________ in einem New Yorker Krankenhaus.

Béla Bartók hat viele Volkslieder in seinen Kompositionen verwendet. Er schrieb auch ein Klavierbuch mit dem Titel „Für Kinder“. In diesem Buch sind 85 ungarische und slowakische Volkslieder enthalten. Wer kann das kleine Musikstück auf dem Klavier vorspielen? Die Melodie kann man auch auf einer Flöte spielen und mit Xylophon oder Metallophon begleiten.

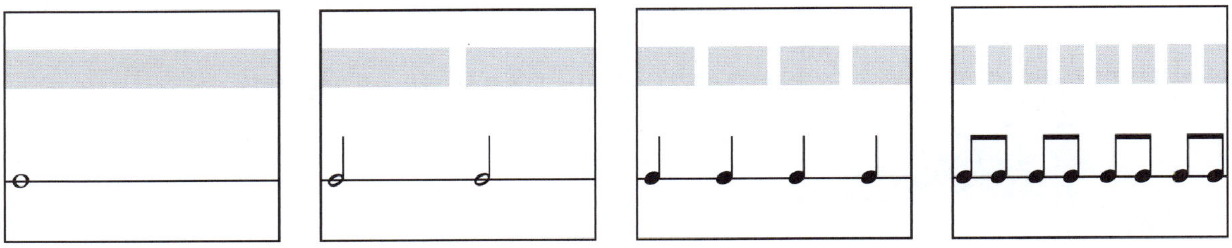

Trage die passenden Notenwerte ein.

A B C D

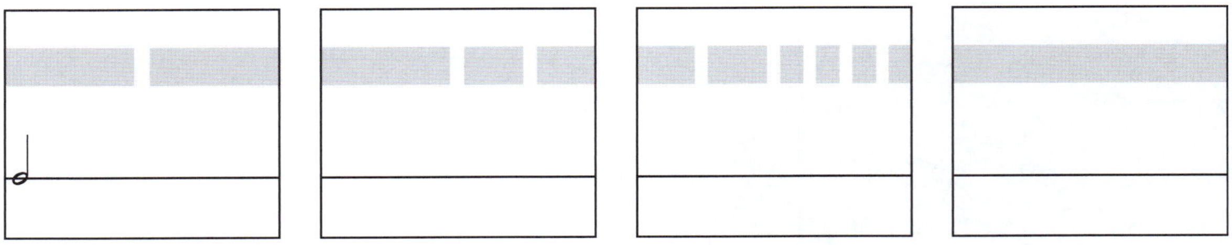

E F G H

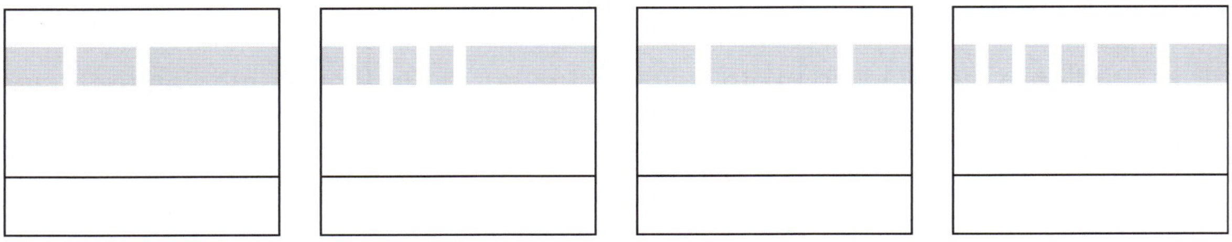

I J K L

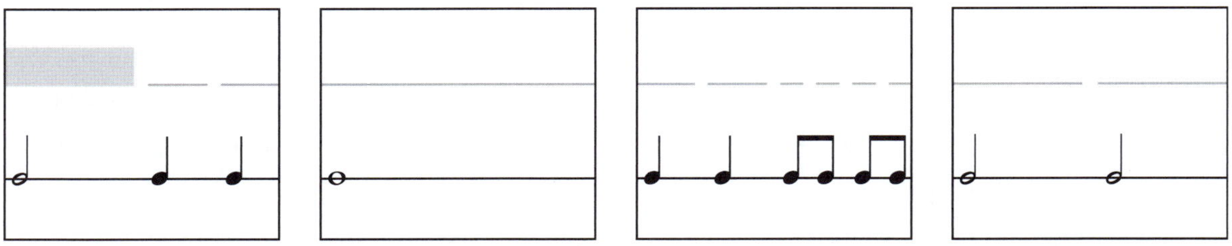

M N O P

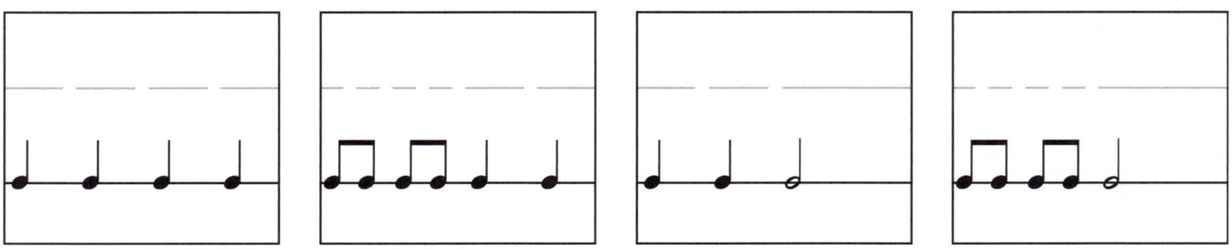

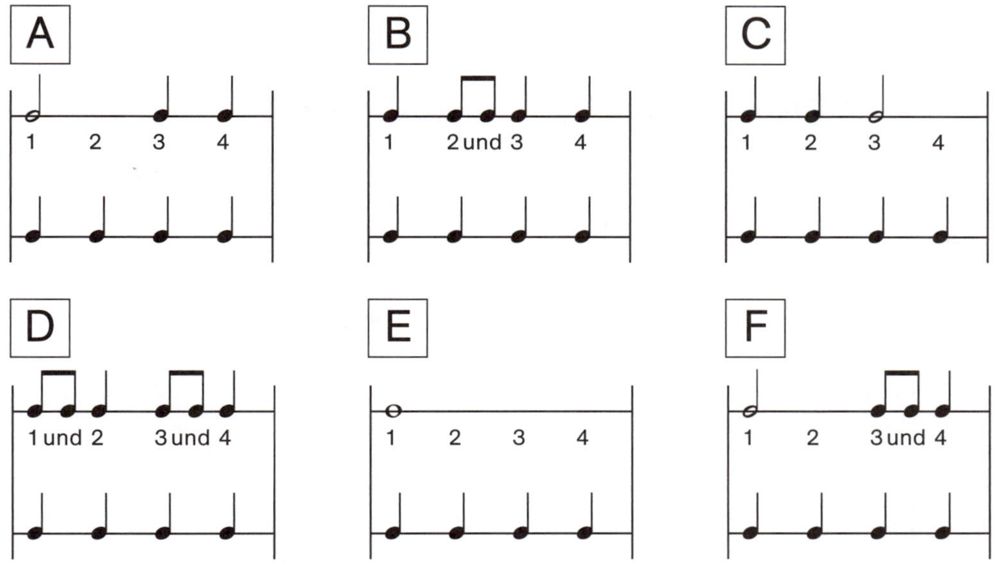

① Ergänze die rhythmischen Bausteine mit beliebigen Notenwerten.

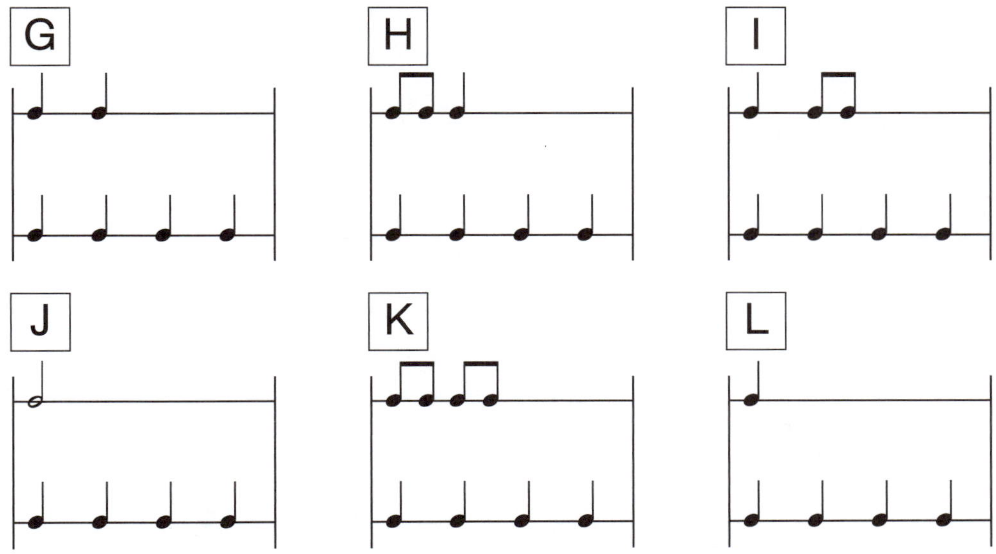

② Erfinde rhythmische Bausteine.

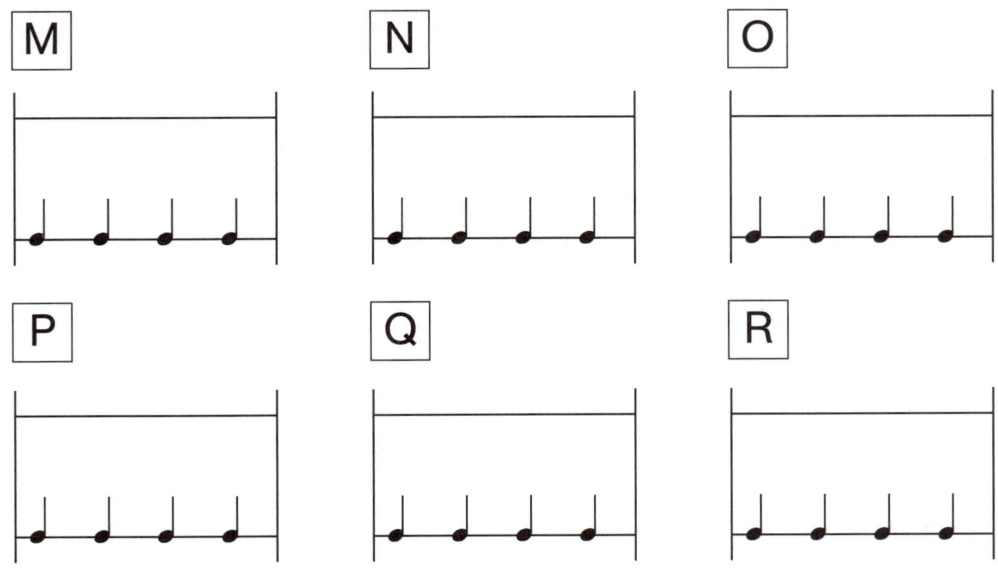

① Schreibe unter die Notenwerte, wie man zählt.

A
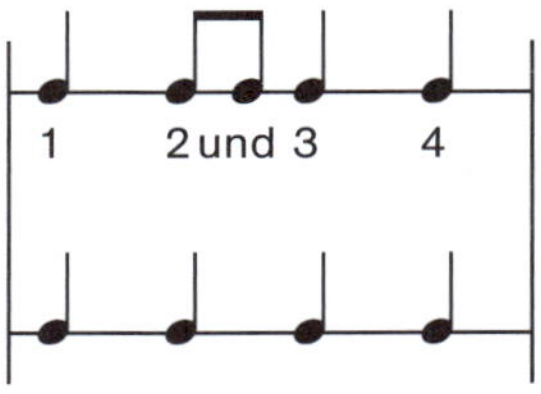

B
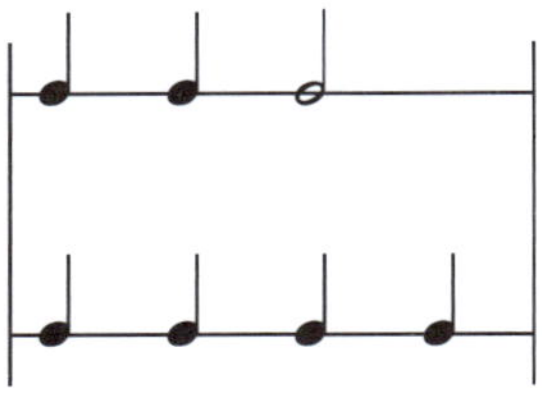

C
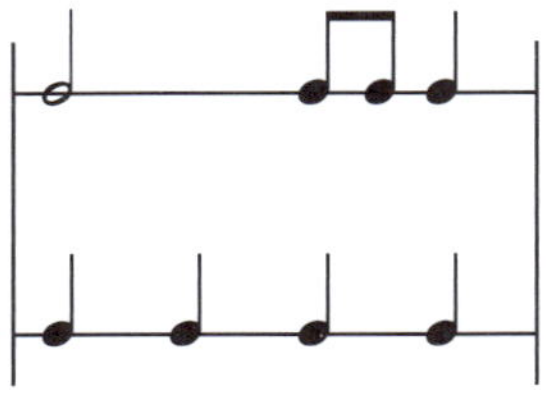

D
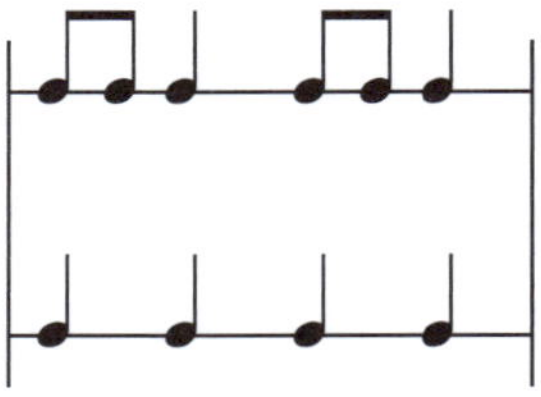

E
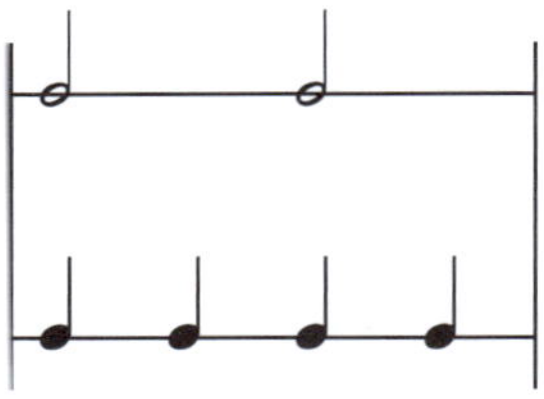

F
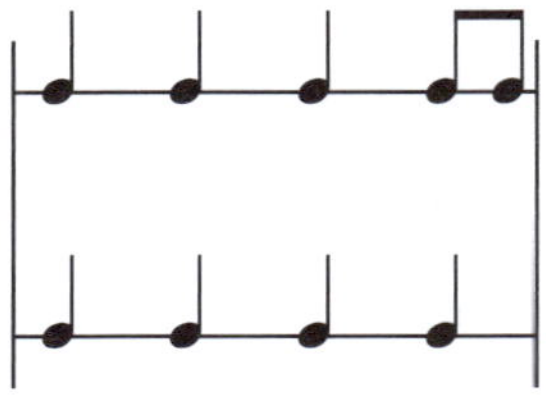

② Schreibe über die Zahlen die passenden Notenwerte.

G
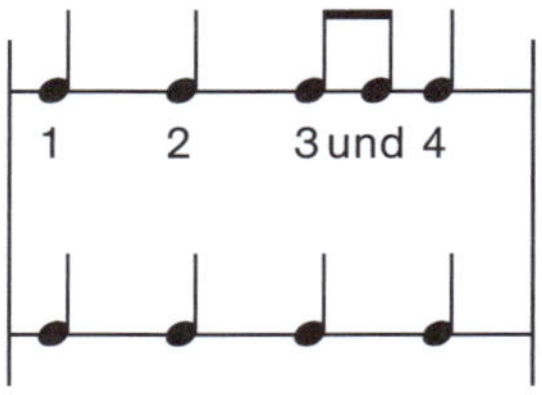

H
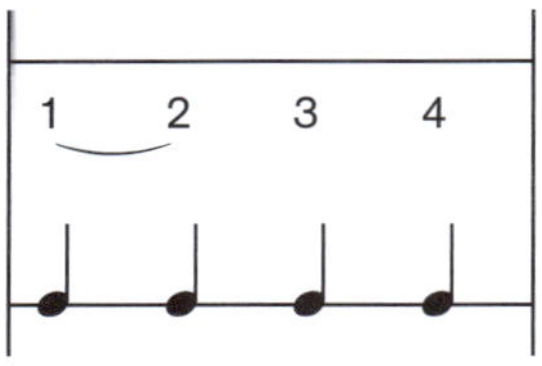

I
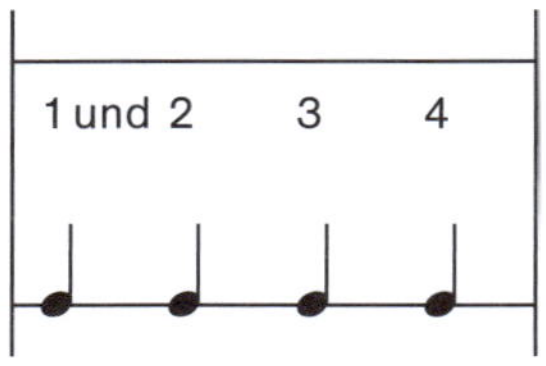

J
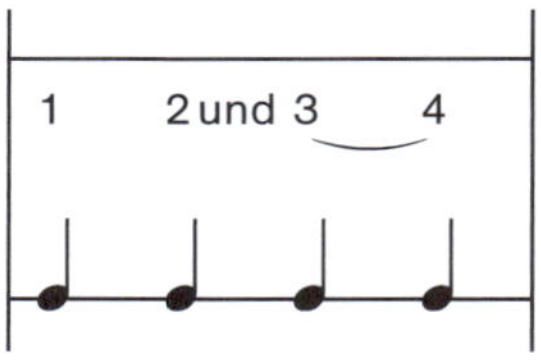

K
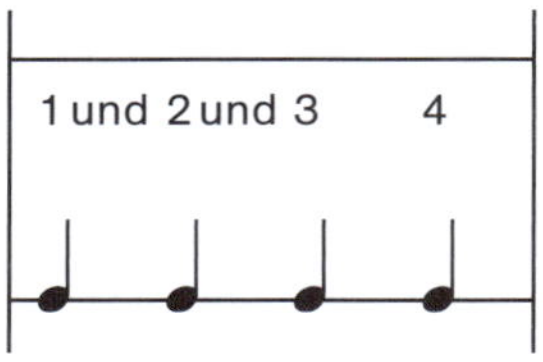

L
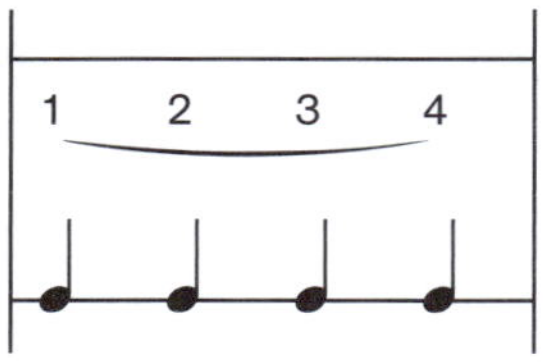

③ Du hörst rhythmische Bausteine. Schreibe sie auf.

M
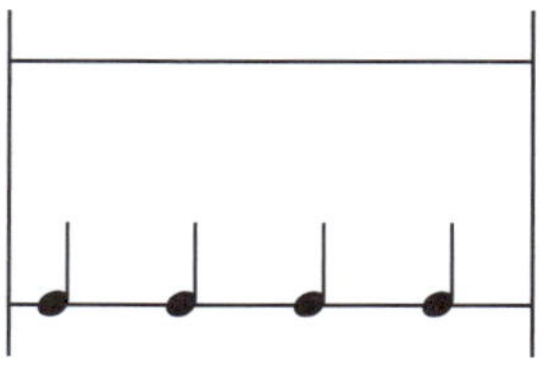

N
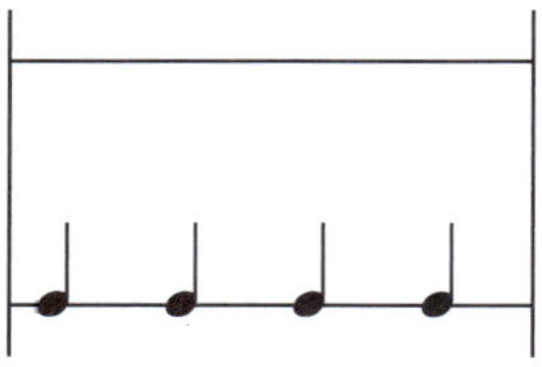

O
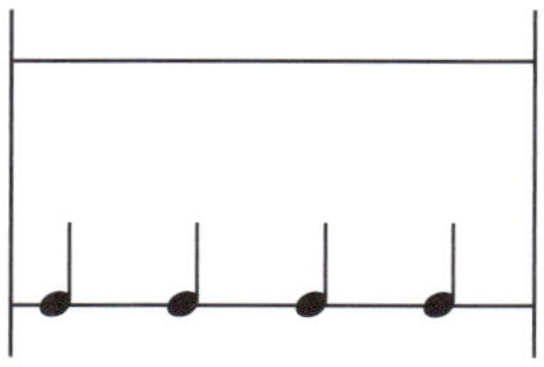

① Trage die fehlenden Pausenzeichen ein. Verwende die Zeichen für Viertelpausen.

Text und Melodie: Christa Zeuch

② Trage in den Bausteinen für die fehlenden Noten die entsprechenden Pausenzeichen ein.

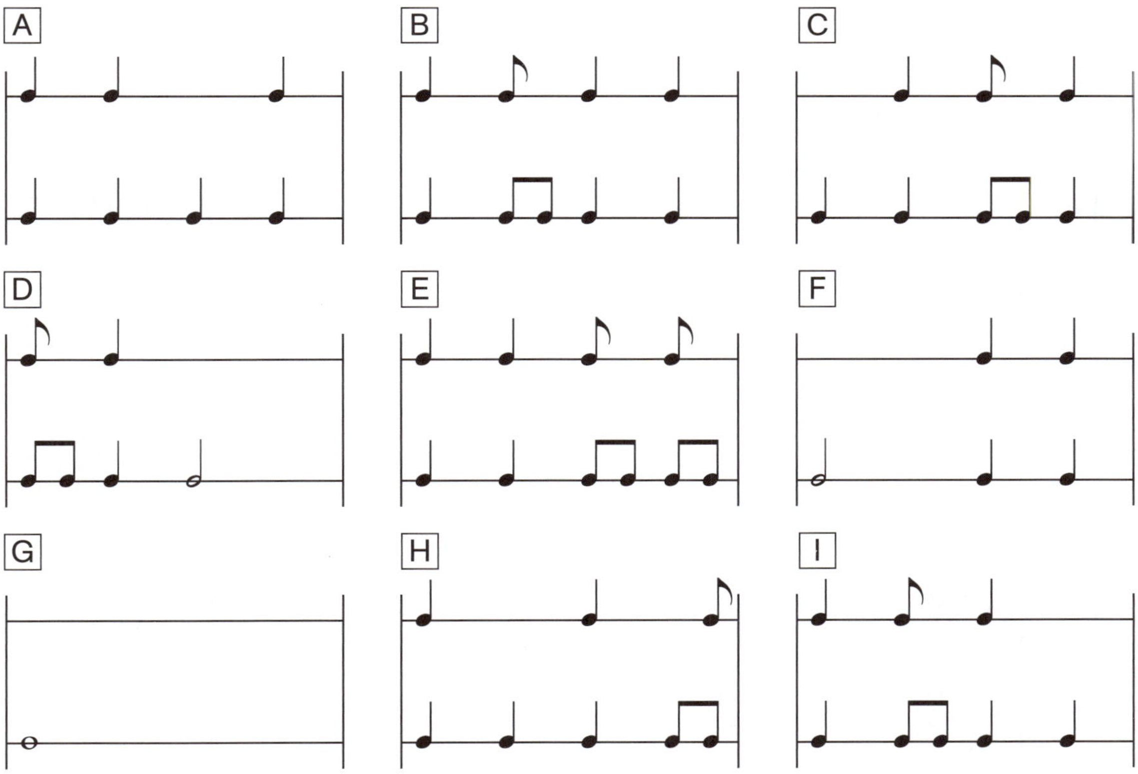

Trage die Pausenwerte und die entsprechenden Notenwerte ein.
Beginne mit der Ganzen Pause und der Ganzen Note.

Pausenwerte		Notenwerte	
Ganze Pause			Ganze Note
Halbe Pausen			Halbe Noten
Viertelpausen			Viertelnoten
Achtelpausen			Achtelnoten

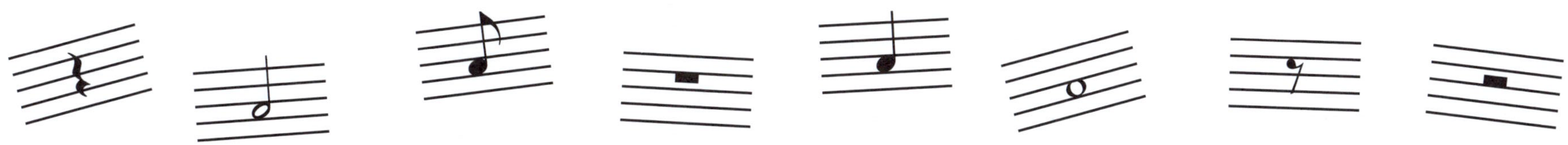

Musik mit Pausen

zu Seite 19

SOMMER

*A Unter der lastenden Hitze der Sonne
dürsten Mensch und Herde und versengt die Pinie;*
B Erhebt der Kuckuck die Stimme
C und mit ihm singen Taube und Stieglitz

*D Der Zephyrwind weht süß, aber auf einmal
bläst ihm der Nord ins Gesicht.*
*E Es klagt der Schäfer, überrascht
vom wilden Sturm und seinem Geschick.*

*F Von den Gliedern flieht der Schlaf,
aus Furcht vor Blitz und Donner,
vor Fliegen und Brummern.*

*G Ach, seine Furcht ist nur allzu wahr,
Donner und Blitz und Hagelschauer
vernichten Lavendel und Getreide.*

Übersetzung: Ingrid Hermann

① Die Noten zeigen den Anfang (Teil A) des Konzertes „Der Sommer“ von Antonio Vivaldi. Zeige beim Hören die Noten mit.

② Färbe die Pausenzeichen.

③ Zu dieser Musik hat der Komponist auch ein Gedicht geschrieben. Tragt es der Stimmung entsprechend vor.

④ Male zur Musik ein Bild.

Blechblasinstrumente

zu den Seiten 28, 29

① Trage die Namen der Blechblasinstrumente ein (Fanfare, Horn, Posaune, Trompete, Tuba, Jagdhorn).

A

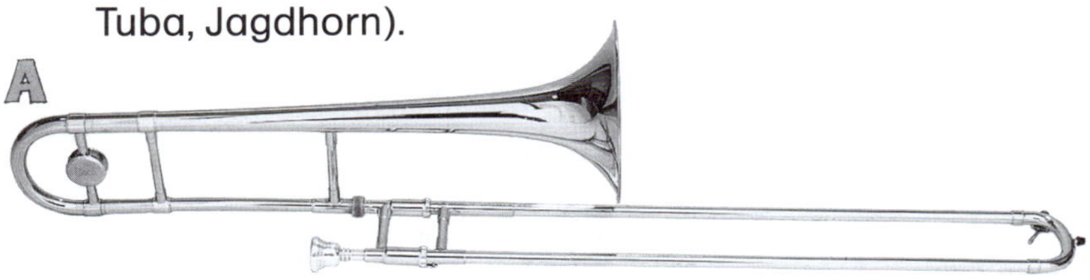

B

C

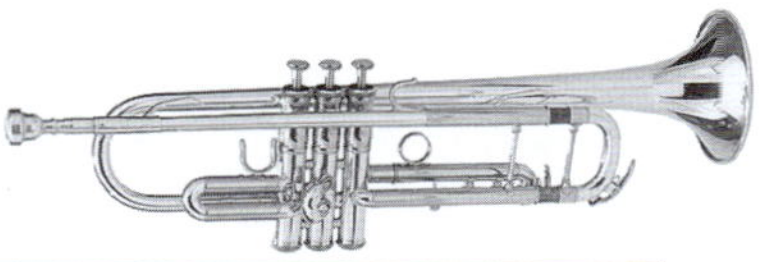

D

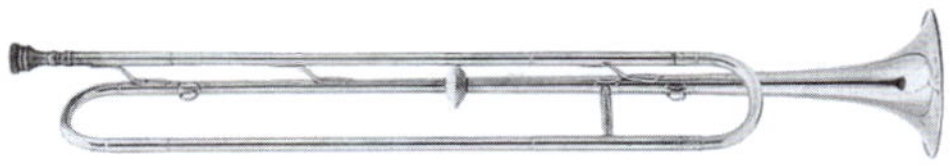

E

F

② Schreibe die Namen der Trompetenteile an die richtige Stelle.
(Mundstück, Schallbecher, Schallröhre, Ventile, Wasserklappe)

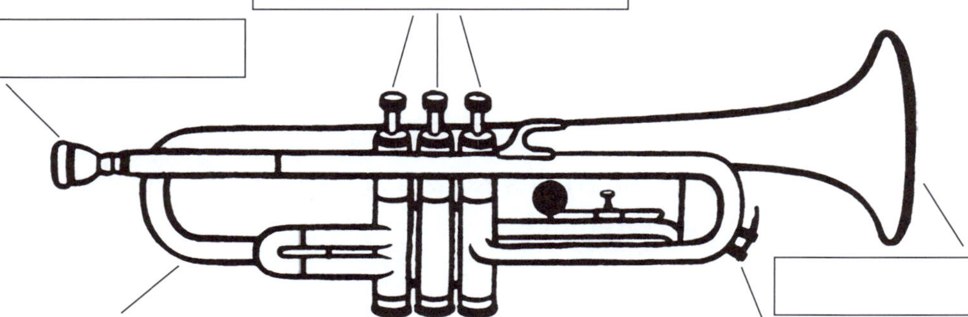

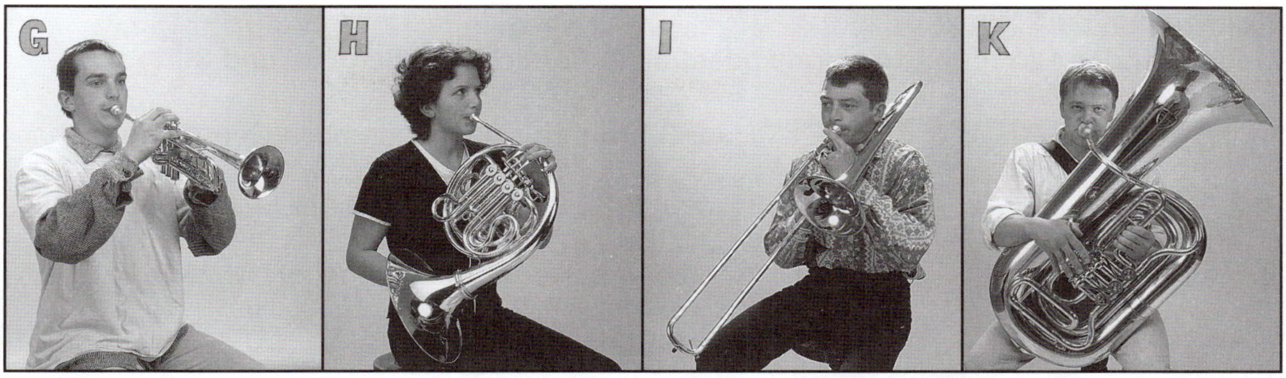

① Ergänze die Steckbriefe mit den entsprechenden Namen und Buchstaben.

Name: ____________________

Foto: ☐ Bild mit Spieler: ☐

- Röhre zum Teil kreisrund gewunden, etwa 3,50 m lang
- Der große Schallbecher zeigt beim Spielen nach hinten.
- 3 bis 5 Ventile
- Eine einfache Form ohne Ventile wird heute noch bei der Jagd verwendet.

Name: ____________________

Foto: ☐ Bild mit Spieler: ☐

- Kleinstes Instrument
- Röhre zweimal gebogen, etwa 1,30 m lang
- Kleiner Schallbecher
- Spielt die höchsten Töne
- 3 Ventile
- Vor Erfindung der Ventile sah das Instrument wie eine Fanfare aus.

Name: ____________________

Foto: ☐ Bild mit Spieler: ☐

- Größtes und schwerstes Instrument
- Röhre mehrfach gebogen, über 4 m lang
- Der große Schallbecher zeigt beim Spielen nach oben.
- Spielt die tiefsten Töne
- 3 bis 5 Ventile
- Bassinstrument in Blaskapellen

Name: ____________________

Foto: ☐ Bild mit Spieler: ☐

- Langgestrecktes Instrument
- Röhre zweimal gebogen, etwa 3 m lang
- Kleiner Schallbecher
- Das Instrument hat statt der Ventile einen Zug. Durch Herausziehen oder Einschieben kann die Länge der Röhre verändert werden.

② Du hörst vier Ausschnitte aus Musikstücken.
Umfahre jeweils den Namen des Instrumentes, das du am Klang erkennen kannst.

Hörausschnitt 1: Horn – Posaune – Trompete – Tuba

Hörausschnitt 2: Horn – Posaune – Trompete – Tuba

Hörausschnitt 3: Horn – Posaune – Trompete – Tuba

Hörausschnitt 4: Horn – Posaune – Trompete – Tuba

Georg Friedrich Händel

zu den Seiten 30, 31

Ergänze den Lückentext.
Die passenden Wörter und Zahlen findest du in Rondo 3 auf Seite 30 und 31.

Über 300 Jahre sind es her, dass Georg Friedrich Händel in __________, einer Stadt in Sachsen-Anhalt, geboren wurde. Schon zu Lebzeiten war er ein berühmter __________. Wäre es nach seinem __________ gegangen, hätte der begabte Sohn niemals Musiker werden dürfen.

Eines Tages hörte der Herzog von Sachsen-Weißenfels, bei dem der Vater als Leibarzt angestellt war, den jungen Händel auf der __________ spielen. Der __________ Georg Friedrich lernte daraufhin bei dem Organisten Zachow drei Jahre lang Orgel, Cembalo, Geige und das __________. Im Alter von _____ Jahren ging Händel nach Italien. Den größten Erfolg hatte Händel in Neapel mit einer __________. Die meiste Zeit seines Lebens verbrachte Händel aber in __________. Als er im Alter von _____ Jahren starb, wurde er in der Westminsterabtei in __________ inmitten englischer Könige begraben. Über _____ Menschen nahmen an seinem Begräbnis teil und erwiesen ihm so ihre große Verehrung.

Die __________ zählt zu Händels bekanntesten Orchesterwerken. Das berühmteste Werk von Georg Friedrich Händel ist das Oratorium __________. Es besteht aus über _____ Teilen für Orchester, Cembalo, Orgel, __________ und Solostimmen. In nur _____ Tagen hat Händel dieses große Werk, dessen Aufführung zweieinhalb Stunden dauert, geschrieben. Das bekannteste Stück aus diesem Oratorium ist der __________.

La paix (Der Friede)

Teil	Instrumente	Hörauffälligkeiten
A		
A (Wiederholung)		
B		
B (Wiederholung)		

Streichinstrumente, Hörner, Cembalo, Trompeten

Streichinstrumente, Hörner, Cembalo

La réjouissance (Die Freude)

Teil	Instrumente	Hörauffälligkeiten
1. Durchgang		
2. Durchgang		
3. Durchgang		

Blasinstrumente (Oboen, Hörner, Fagott)

Streich- und Blasinstrumente mit Trompeten und kleiner Trommel

Streichinstrumente

① Vergleiche die Musikstücke „La paix“ und „La réjouissance“ miteinander.

② Trage jeweils die passenden Instrumente in die Tabellen ein.

③ Denke bei den Hörauffälligkeiten an
laut, leise, mittellaut; langsam, schnell; schwungvoll, friedlich.

① Verfolgt beim Hören die Noten der beiden Melodien A und B.
Malt zum Notenverlauf eine farbige Spur (Melodie A: rot, Melodie B: blau).

A

B

② Schneide die vier Instrumentenkärtchen vom Ausschneideblatt 1 (Seite 43) aus und klebe sie richtig ein.

	Teil A	Wiederholung		Teil A	Wiederholung
Vorspiel			Zwischenspiel		

Teil B	Wiederholung		Teil A	Wiederholung
		Zwischenspiel		

③ Ergänze die folgenden Sätze. Die fehlenden Wörter und Zahlen findest du in Rondo 3 auf Seite 38 und 39.

Pjotr Iljitsch Tschaikowsky wurde 1840 in ______________ geboren. Schon mit 4 Jahren begann er ______________ zu spielen. Aber erst im Alter von ______ Jahren entschied er sich, die Musik zu seinem Beruf zu machen und studierte in Sankt Petersburg an der ______________.

Einige seiner Werke wurden ______________. Dazu gehört auch das ______________ „Der Nussknacker“. Auf vielen Theaterbühnen der Welt wird es besonders in der ______________ aufgeführt. Zu diesem Ballett gehört auch der „Tanz der ______________“.

① Hier siehst du die Noten der Solo-Violine und der ersten Violine zur Musik „Der Winter“ von Antonio Vivaldi.
Trage bei den Noten ein, was dir an der Musik besonders auffällt und was sie beschreibt.

Solo-Violine

1. Violine, gezupft

② Male zur Musik ein Bild.
Du kannst die Musik auch mit Wellenlinien und Punkten darstellen.

① Schreibe die rhythmischen Bausteine passend über den Abzählreim.

E - ne me - ne **men** - te,

Lo - cum to - cum **ten** - te,

ca - ra - bu - ti, **ca** - ra - bu - ti, **wi**tsch, watsch, **a**b.

② Schreibe die passenden Bausteine über den Vers.

Auf dem Kirch - turm, ganz hoch dro - ben,

sitzt ein klei - ner Wet - ter - hahn, sieht die Welt von o - ben.

① Bilde weitere Takte mit beliebigen Notenwerten und Pausenwerten.

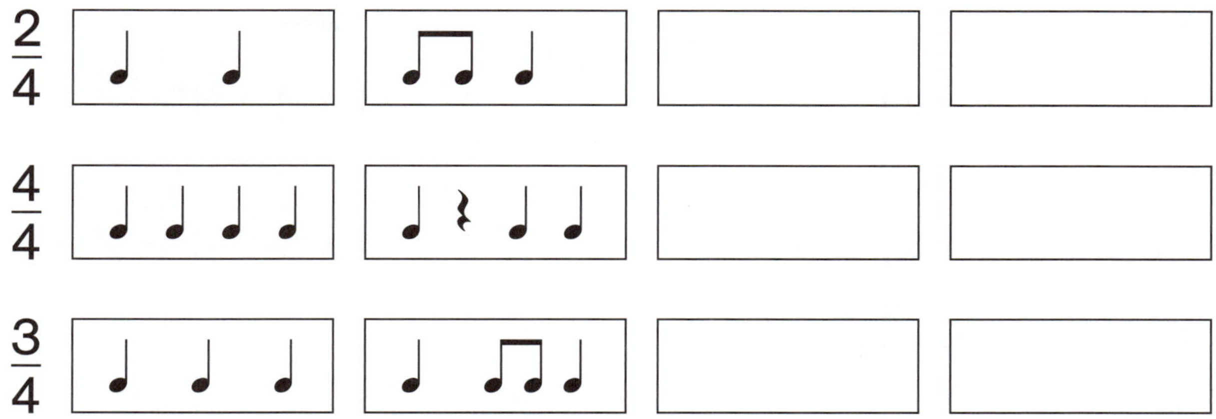

② Schreibe zu jedem Baustein die passende Taktart 2/4, 4/4 oder 3/4.

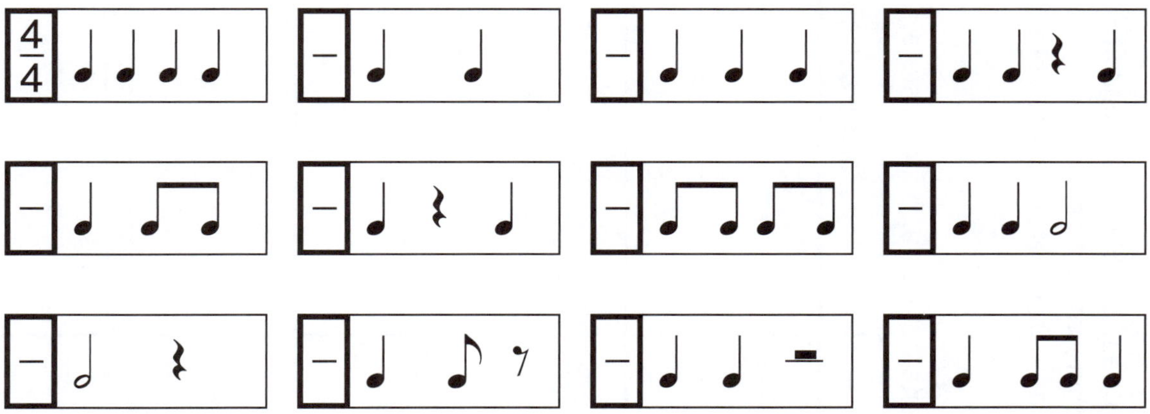

③ Setze die Taktstriche an die richtige Stelle.

① Trage in die Tabelle die passenden Begriffe ein.

a) Die Anstrengung beim Anfahren und das Zunehmen der Geschwindigkeit – Der Zug stürmt mit hoher Geschwindigkeit durch die Nacht – Das ruhige Atmen der Maschine im Stillstehen
b) Einzelne Töne der Hörner – Geigen „quietschen“ – Trompeten schmettern
c) Laut – leise – lauter werdend
d) Schneller werdend – langsam – schnell

② Schneide die Klangbilder (Ausschneideblatt 1, Seite 43) aus und klebe sie ein.

	Hörausschnitt 1	**Hörausschnitt 2**	**Hörausschnitt 3**
Überschrift			
Instrumente			
Lautstärke			
Tempo			
Klangbild			

① Finde zu dem vierten Hörausschnitt eine Überschrift.
Zeichne dazu ein passendes Klangbild.

Überschrift:

Arthur Honegger wurde 1892 in Frankreich als Sohn Schweizer Eltern geboren.

Durch seine Mutter wurde er früh in Gesang und Klavier ausgebildet. Mit 17 Jahren studierte er in Zürich in der Schweiz Musik. Anschließend setzte er sein Musikstudium in Paris fort. Mit 21 Jahren ließ er sich in Paris endgültig als Musiker nieder. Dort lernte er auch viele Komponisten kennen.

Mit seinen Kompositionen erregte Arthur Honegger große Aufmerksamkeit.
Er schrieb Sinfonien, Konzertmusik und Bühnenmusik wie auch Film- und Rundfunkmusik.

Im Alter von 63 Jahren starb er an einem Herzleiden in Paris.

Arthur Honegger schrieb im Jahre 1923 ein Musikstück mit dem Namen

________________. Honegger sagte dazu: „Ich habe immer eine leidenschaftliche Liebe für ________________ gehabt. Für mich sind sie ________________“.

② Ergänze den Lückentext. Du findest die Wörter in Rondo 3 auf Seite 45.

Tonhöhen unterscheiden und aufschreiben

① Gestalte eine Flaschen- und Gläsermusik.

② Schreibe deine Musik mit Klangzeichen auf.

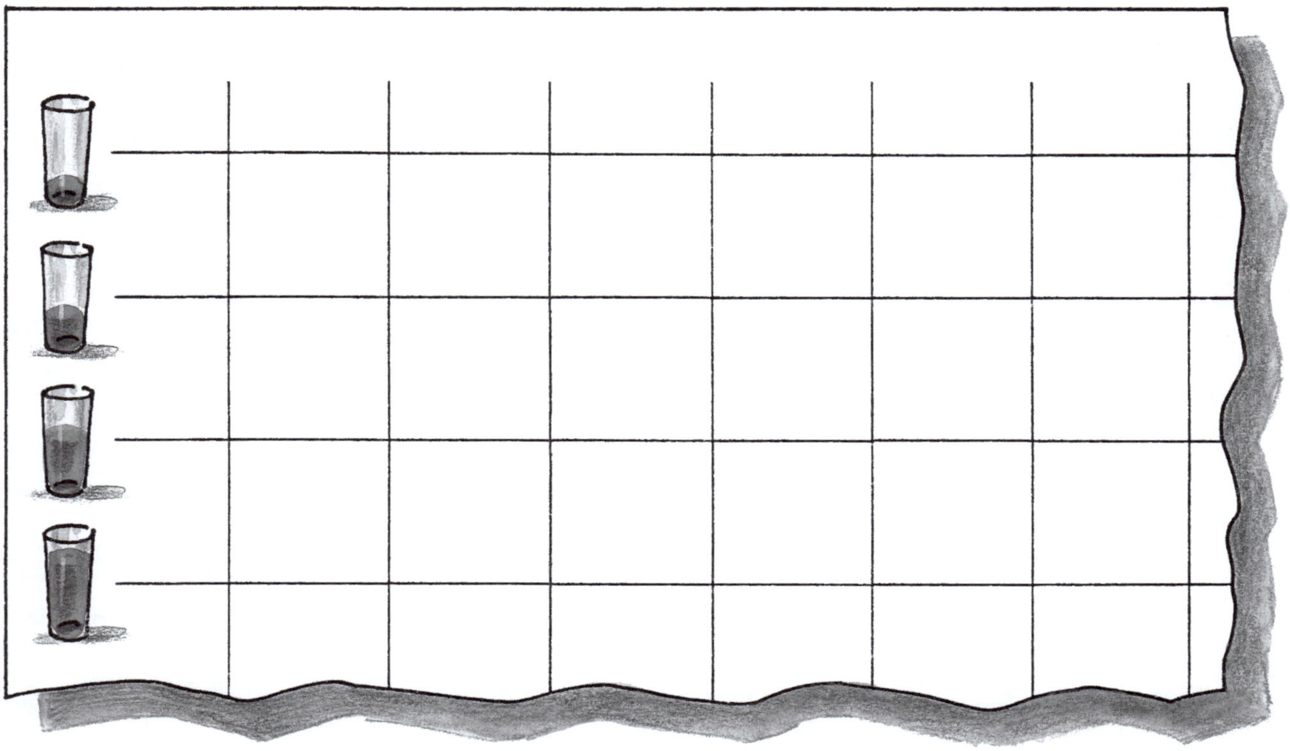

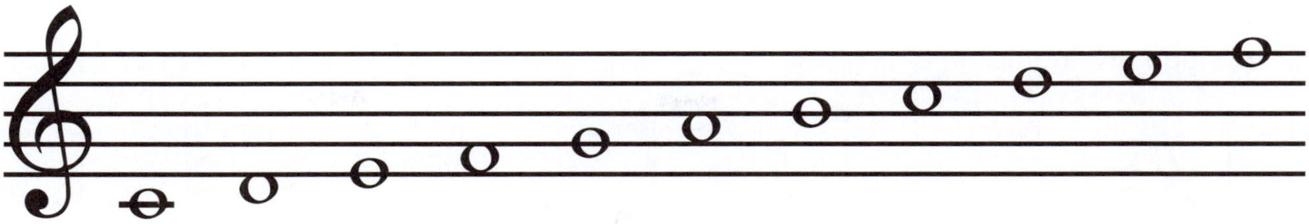

c d e f g a h c d e f

① Trage die Namen der Noten ein.

c

Stieg ein Mann auf ei - ne Lei - ter, im - mer hö - her, im - mer wei - ter.

Wack - lig war die Lei - ter, und da stieg er lie - ber wie - der run - ter.

② Schreibe die Noten über die Namen.

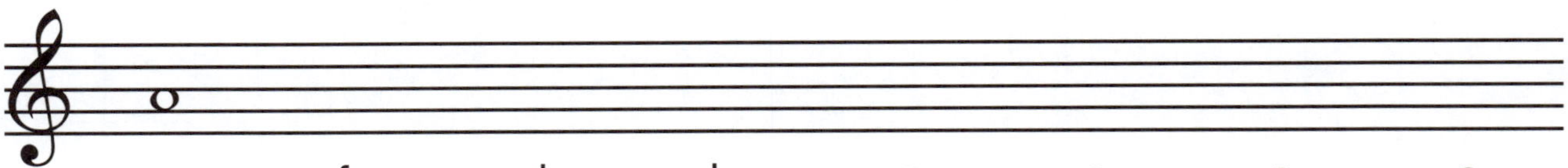

a f d h g c e c

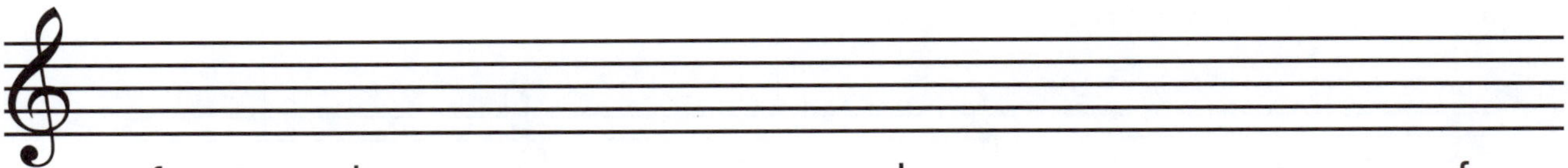

f d e g h a g f

③ Schreibe die Namen unter die Noten.

g

① Klebe die fehlenden Dominokärtchen vom Ausschneideblatt 1 (Seite 43) in der richtigen Reihenfolge ein.

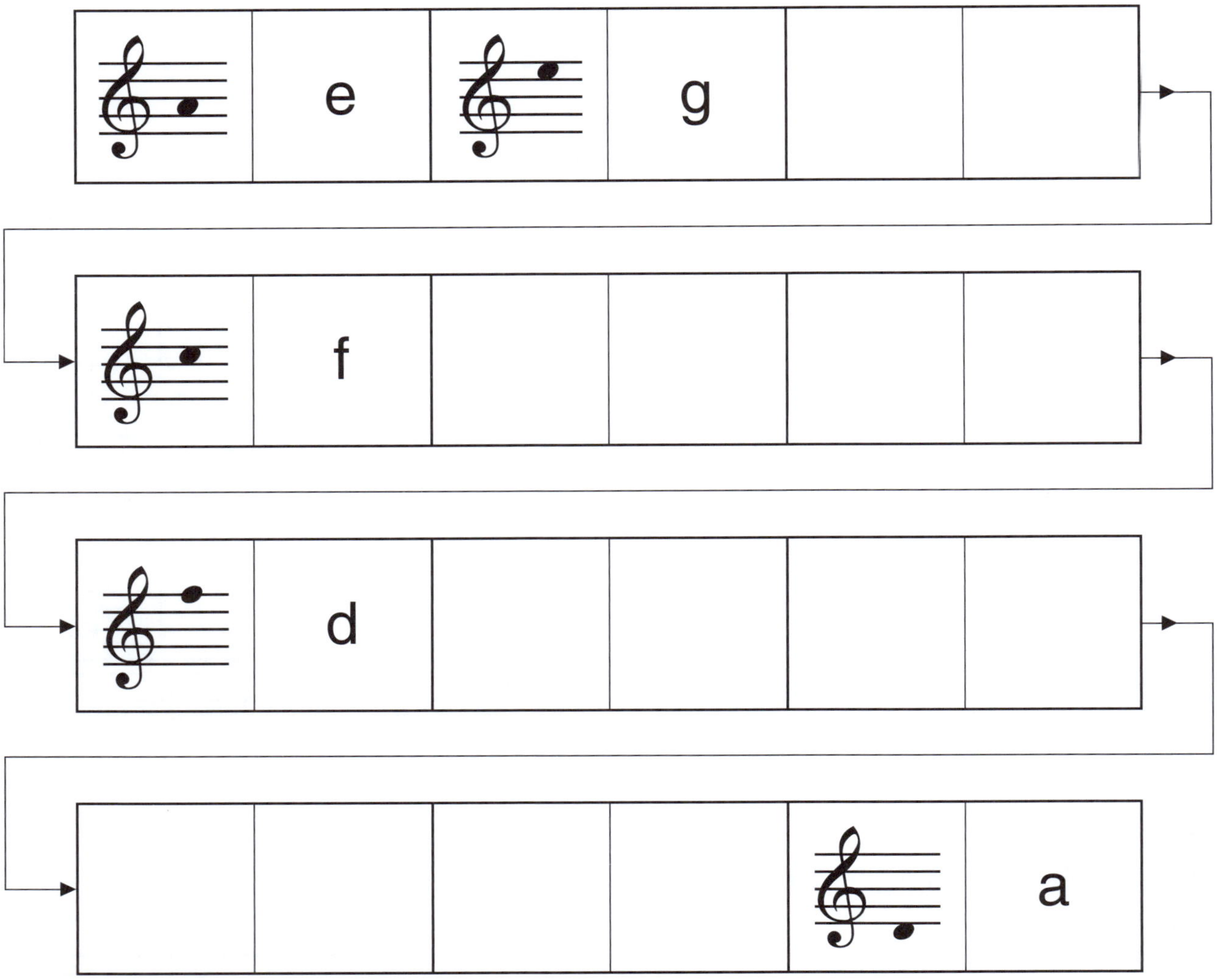

② Kannst du die Notenrätsel lösen?
In den Noten sind Wörter versteckt.

Wiederholung	Schritt nach oben	Schritt nach unten	Sprung nach oben	Sprung nach unten

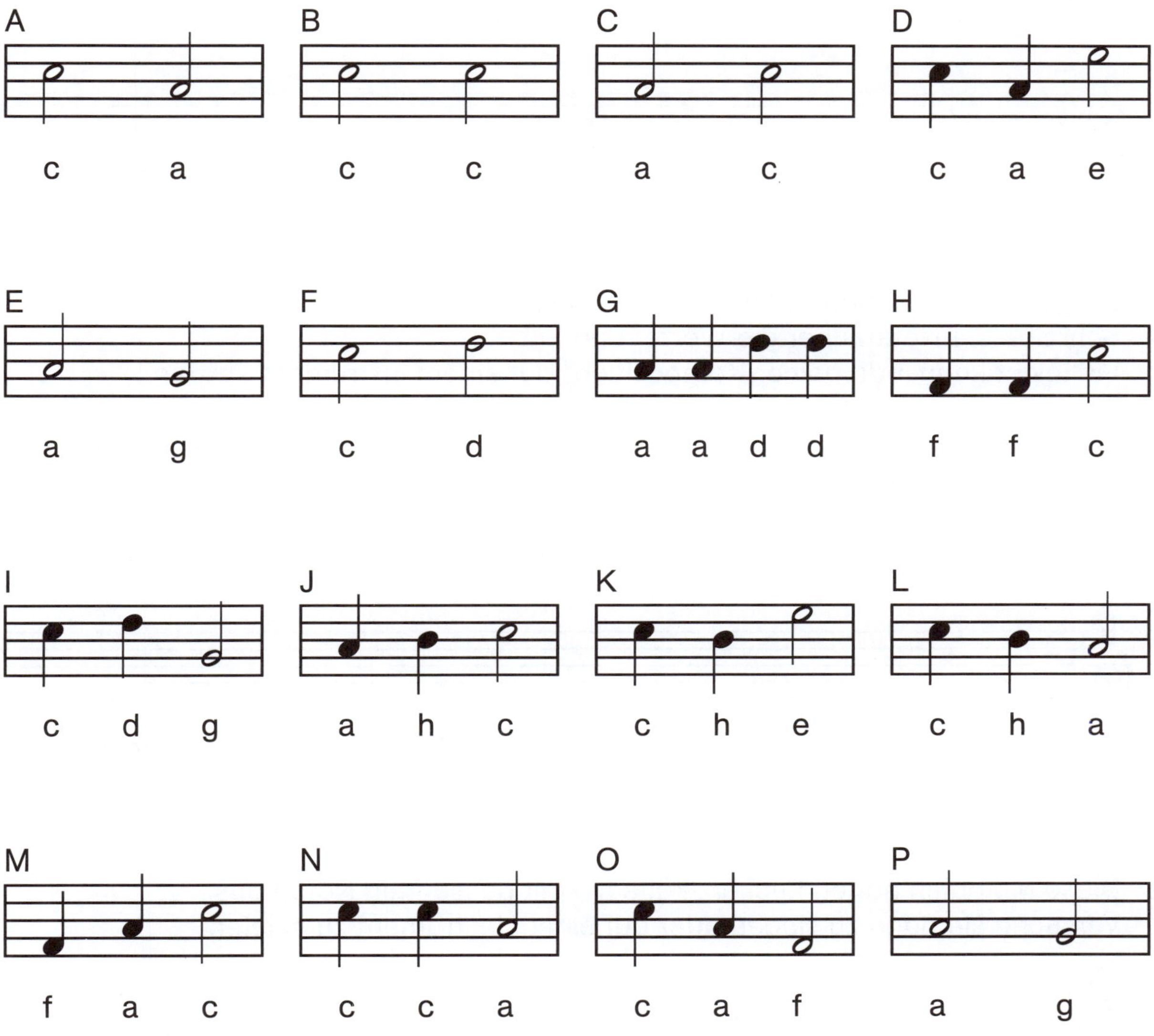

① Spielt die Bausteine auf einem Instrument.

② Versucht sie auf die Notennamen zu singen.

③ Schreibe die Zeichen für Wiederholung, Schritt und Sprung über die Noten.

① Schreibe zu den angefangenen Melodien eine Fortsetzung.

② Erfinde zu den lustigen Wetterregeln eine Melodie.
Schreibe die Noten über die Wörter und Silben.
Vielleicht kannst du deine „Komposition“ auf einem Instrument spielen.

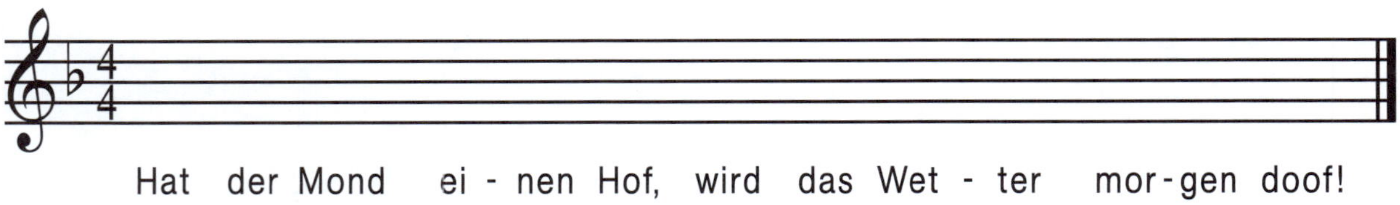

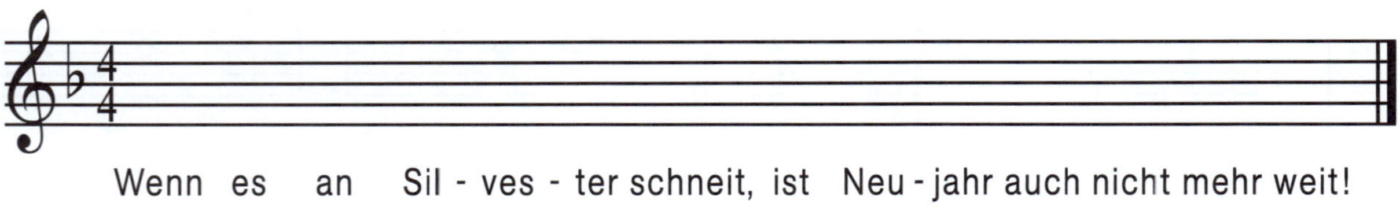

③ Diese Melodien haben Lücken. Fülle sie mit passenden Noten aus.
Versuche sie dann zu singen oder auf einem Instrument zu spielen.

① Schreibe die Instrumente und Klangzeichen auf.

Das Bächlein	Instrumente	Klangzeichen
Droben im Bergwald sprudelt eine kleine Quelle aus dem Boden.		
Das Wasser plätschert als Rinnsal über Baumwurzeln und Steine.		
Das Zwitschern der Vögel und Rascheln der Waldtiere begleiten das Bächlein hinunter in das Tal.		
Es fließt durch eine Wiese, wo es Glockenblumen und Schmetterlinge freudig begrüßen.		
In der Nacht spiegeln sich Mond und Sterne in seinem Wasser.		
Es fließt weiter durch die Ebene. In der Ferne hört man eine Kirchturmuhr schlagen.		
Das Bächlein wird immer breiter und wächst allmählich zum Bach.		

② Diese Melodie kann man leise zur Klanggestaltung mitspielen.

Metallophon

Die Moldau

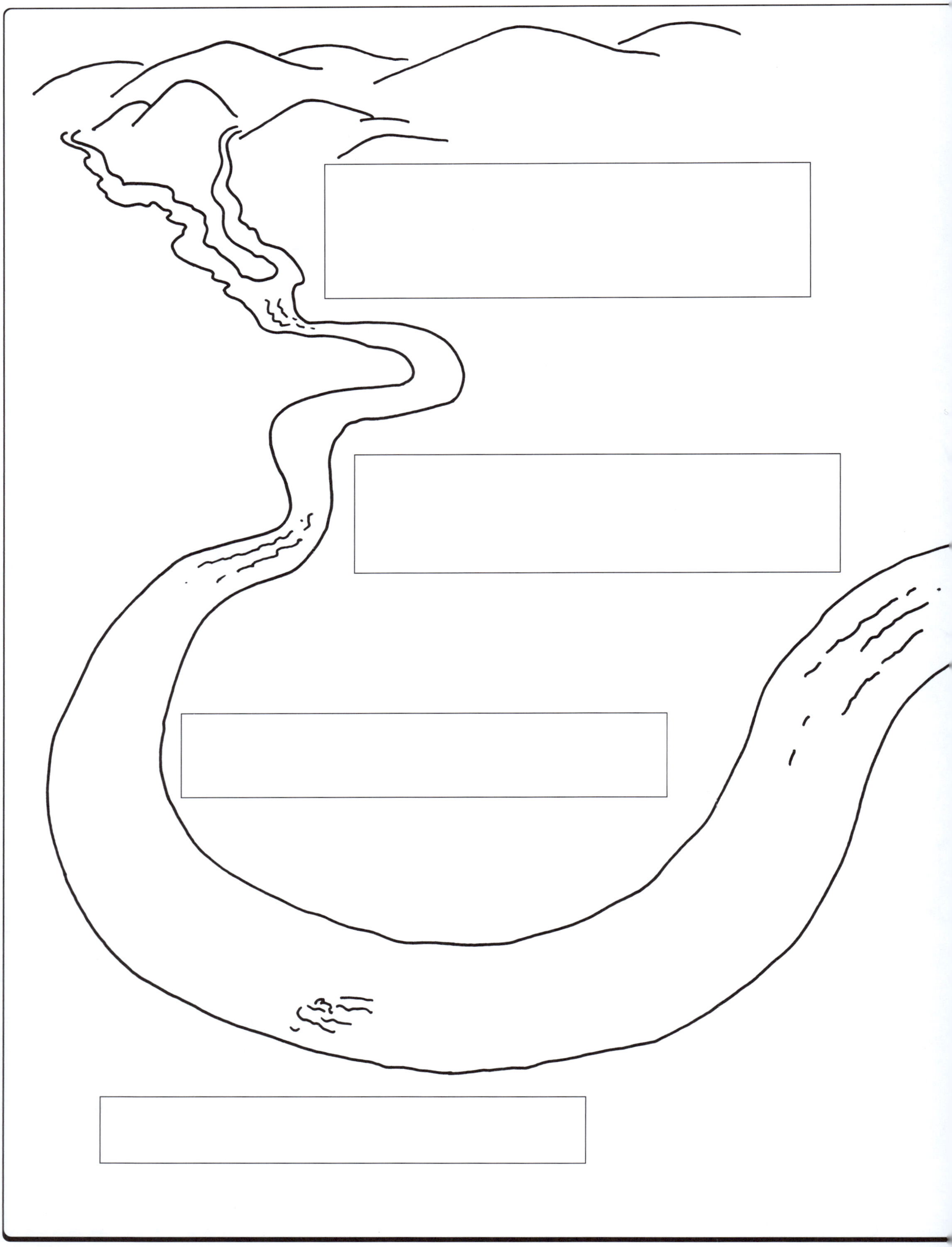

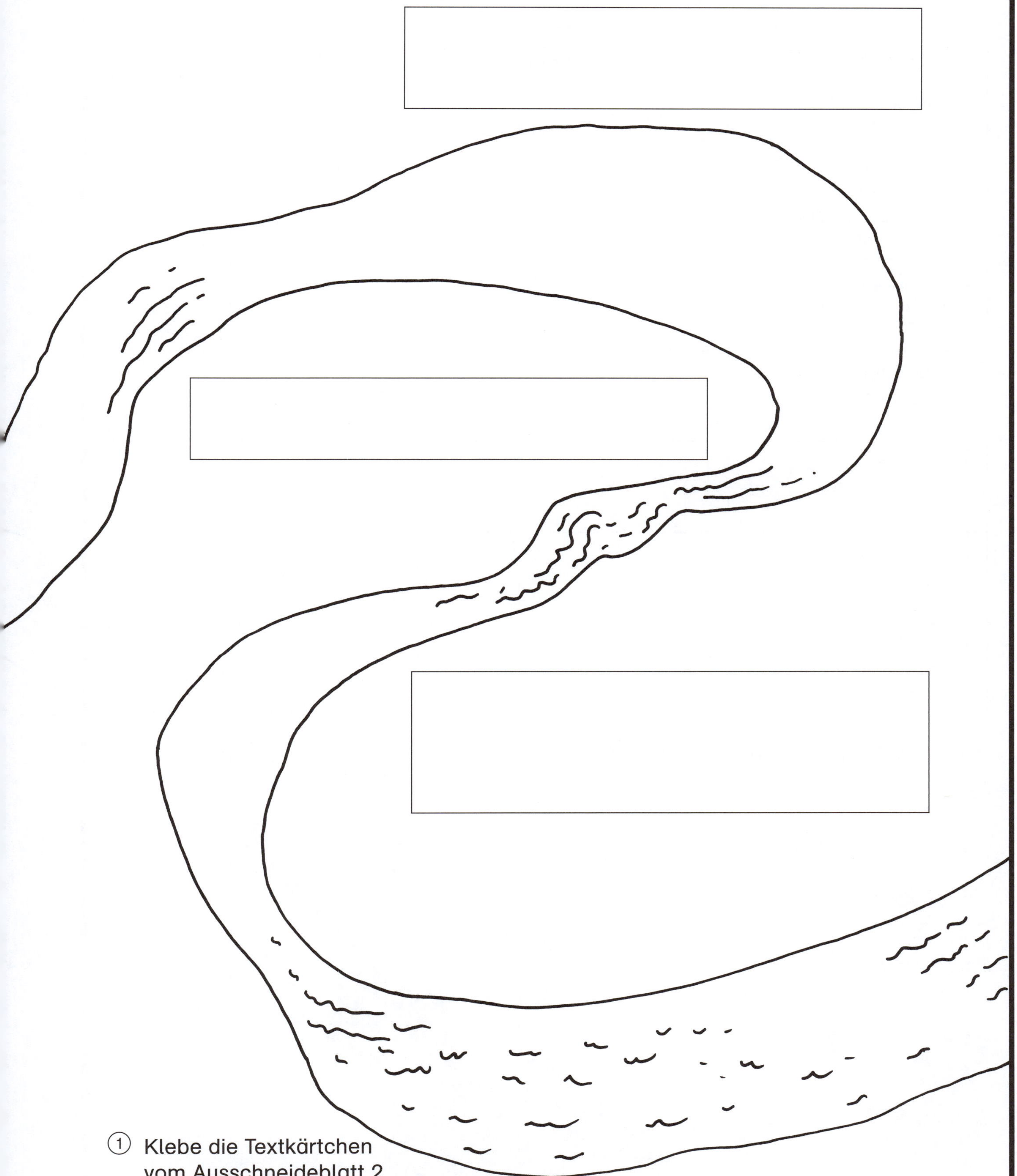

① Klebe die Textkärtchen vom Ausschneideblatt 2 (Seite 45) in der richtigen Reihenfolge ein.

② Male zu den Texten Bilder.

Die Moldau

zu Seite 58

① Klebe die Textkärtchen vom Ausschneideblatt 2 (Seite 45) ein.

Hörausschnitte	Hervortretende Instrumente	Art der Musik
1. Die Quellen der Moldau		
2. Die Moldau fließt durch die Landschaft		
3. Die Jagd im Walde		
4. Die Bauern-hochzeit		
5. Der Reigen der Wassernixen		
6. Die Strom-schnellen		
7. Der Fluss ent-schwindet in der Ferne		

② Schreibe die Namen zu den Instrumenten.

zu Seite 59

① An den Noten kannst du die Musik erkennen.
Schreibe zu den Melodien die passende Überschrift: Die Quellen der Moldau – Die Moldaumelodie – Die Jagd im Walde – Die Bauernhochzeit.

② Ergänze den Text. Die fehlenden Wörter und Zahlen findest du in Rondo 3 auf Seite 59.

Bedřich Smetana wurde 1824 in __________ geboren. Er lernte schon früh __________ und __________ spielen. Bereits mit ______ Jahren gab er die ersten Konzerte auf dem Klavier und im Alter von ______ Jahren komponierte er __________. Als Bedřich 18 Jahre alt war, begann er in __________ Musik zu studieren. Im Alter von 50 Jahren wurde er __________. Mit ______ Jahren starb er in Prag.

① Schreibe zu den sechs Holzblasinstrumenten die Namen (Fagott, Flöte, Klarinette, Oboe, Pikkoloflöte, Saxophon).

A

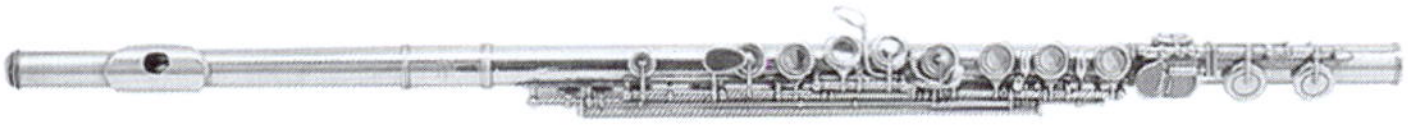

B

C

D

E

F

② Schreibe die Namen der einzelnen Teile einer Klarinette an die richtige Stelle (Mundstück, Schallröhre, Schalltrichter, Klappen).

① Trage bei den Instrumentenrätseln den Namen des Holzblasinstrumentes ein.

a) Das Instrument hat ein Mundstück mit einem Doppelrohrblatt. Der Spieler bringt dieses mit seiner Atemluft zum Schwingen und es entsteht ein etwas näselnder Ton.

b) Es ist das Holzblasinstrument, auf dem die höchsten Töne gespielt werden können. Beim Anblasen wird ein schmaler Luftstrom gegen die Kante des Anblasloches geleitet.

c) Das Instrument ist aus Metall, gehört aber zu den Holzblasinstrumenten. Beim Spielen wird es quer gehalten.

d) Es ist das Holzblasinstrument, auf dem die tiefsten Töne gespielt werden können. Damit der Spieler mit der 2,60 m langen Röhre handlicher umgehen kann, ist sie geknickt.

e) Das Instrument ist ebenfalls aus Metall. Es hat eine gebogene Schallröhre.

f) Das Instrument hat ein einfaches Rohrblatt. Das Mundstück besteht aus einem festen Teil, dem Schnabel, auf dem das Rohrblatt befestigt wird.

② Du hörst sechs Ausschnitte von Musikstücken.
Umfahre jeweils den Namen des Instrumentes, das du am Klang erkennst.

Hörausschnitt 1: Fagott – Flöte – Klarinette – Oboe – Pikkoloflöte – Saxophon

Hörausschnitt 2: Fagott – Flöte – Klarinette – Oboe – Pikkoloflöte – Saxophon

Hörausschnitt 3: Fagott – Flöte – Klarinette – Oboe – Pikkoloflöte – Saxophon

Hörausschnitt 4: Fagott – Flöte – Klarinette – Oboe – Pikkoloflöte – Saxophon

Hörausschnitt 5: Fagott – Flöte – Klarinette – Oboe – Pikkoloflöte – Saxophon

Hörausschnitt 6: Fagott – Flöte – Klarinette – Oboe – Pikkoloflöte – Saxophon

zu Seite 64

Klebe die Instrumentenkärtchen vom Ausschneideblatt 3 (Seite 47) in der Reihenfolge, wie die Musik erklingt, ein.

Alle ohne Flöte		Alle ohne Fagott	

Alle ohne Klarinette		Alle ohne Oboe	

Alle ohne Horn		Alle ohne Horn	

Joseph Haydn

zu den Seiten 66, 67

Ergänze den Lückentext.
Die fehlenden Wörter und Jahreszahlen findest du in Rondo 3 auf Seite 66 und 67.

Joseph Haydn wurde 1732 in dem kleinen Dorf Rohrau in ______ geboren. Wegen seiner schönen Stimme nannten ihn die Leute im Dorf „______“. Sein „______“ aus Hainburg nahm den Fünfjährigen mit an seine Schule. Dort erhielt er den ersten Unterricht im Lesen, Schreiben und Rechnen sowie in Gesang, ______ und ______. Im Alter von acht Jahren kam Joseph Haydn zu den Sängerknaben an den Stephansdom in ______. Als bei ihm der Stimmwechsel einsetzte, meinte die Kaiserin Maria Theresia bei einem Auftritt der Sängerknaben: „______“. Nachdem er von den Sängerknaben ausgeschlossen wurde, schlug er sich als ______ in kleinen Orchestern durch. Mit 27 Jahren erhielt Joseph Haydn seine erste Anstellung als ______ bei einem Grafen. Mit 29 Jahren fand Haydn bei dem ungarischen Fürsten ______ eine neue Anstellung. Joseph Haydn hatte für die musikalische Unterhaltung in den prunkvollen Schlössern in ______ und am ______ zu sorgen. Seine Musiker nannten ihn liebevoll „______“. Nachdem Joseph Haydn fast ______ Jahre bei dem Fürsten Esterházy tätig war, lebte und arbeitete er in Wien. Einige Zeit verbrachte er auch in ______. Im Alter von ______ Jahren starb er in Wien.

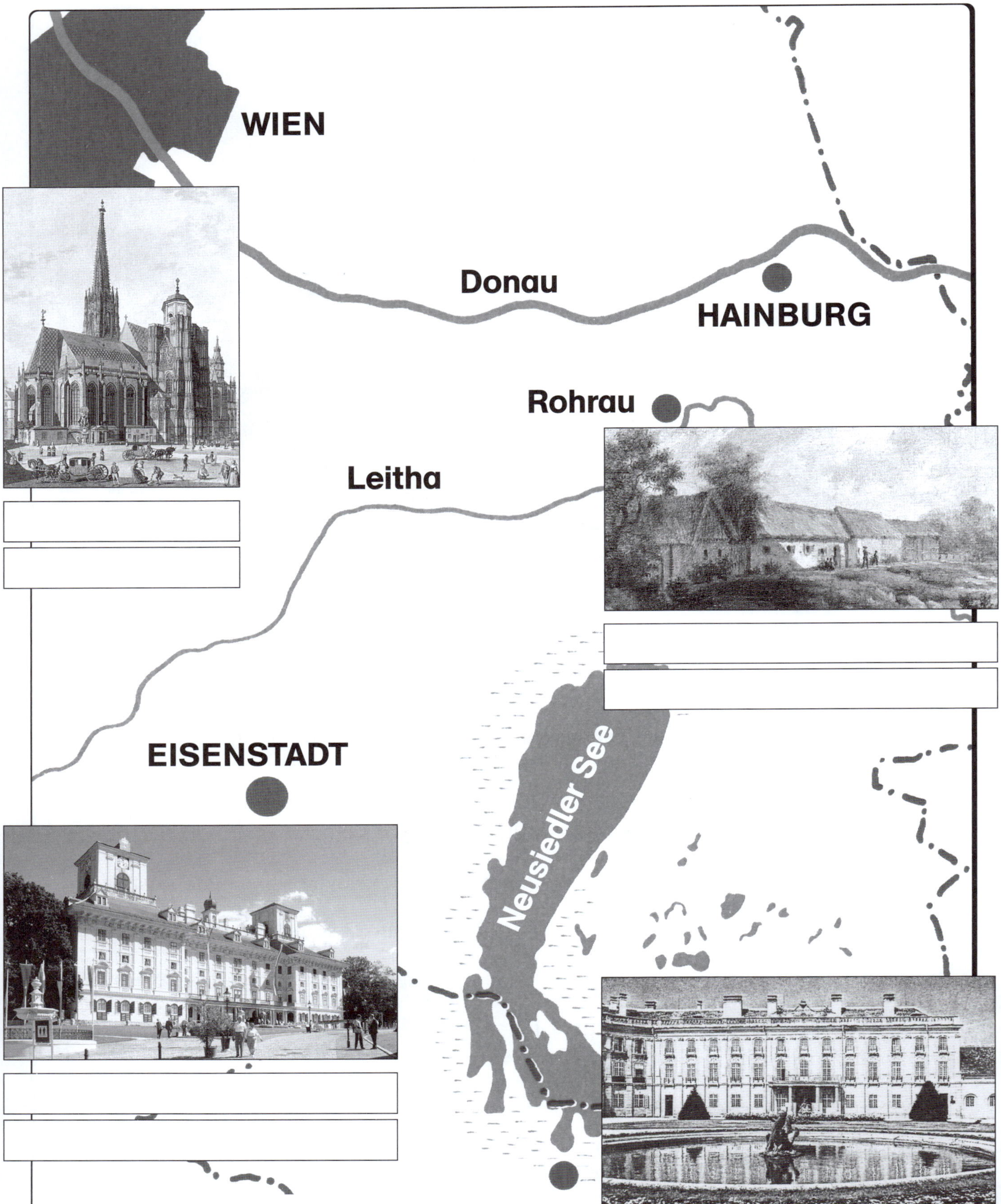

Schreibe die passenden Bezeichnungen unter die vier Bilder: Geburtshaus in Rohrau – Schloss Esterházy in Eisenstadt – Stephansdom in Wien – Schloss Esterházy am Neusiedler See.

Gott schuf Sonne, Mond und Sterne.

Gott schuf die Vögel und die Fische.

Gott schuf viele Tiere und den Menschen.

Male zu den Texten ein Bild. Du kannst zum Malen auch die entsprechende Musik hören.

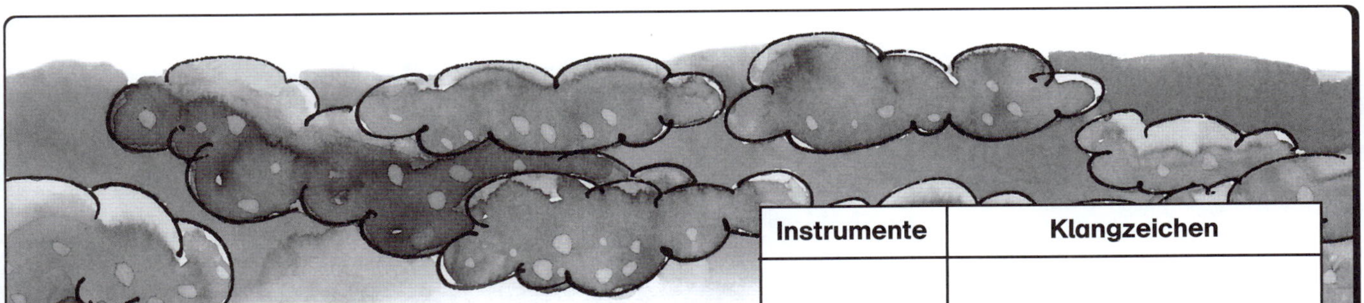

Hinter dem Schlossberg kroch es herauf.
Wolken – Wolken!
Wie graue Mäuse,
ein ganzes Gewusel.

Zuhauf
jagten die Wolken gegen die Stadt.
Und wurden groß
und glichen Riesen
und Elefanten
und dicken, finsteren Ungeheuern,
wie sie noch niemand gesehen hat.

„Gleich geht es los!“,
sagten im Kaufhaus Dronten
drei Tanten
und rannten heim,
so schnell sie konnten.

Da fuhr ein Blitz
mit helllichtem Schein,
zickzack,
blitzschnell
in einen Alleebaum hinein.

Und ein Donner schmetterte hinterdrein,
als würden dreißig Drachen
auf Kommando lachen,
um die Welt zu erschrecken.

Alle Katzen in der Stadt
verkrochen sich
in die allerhintersten Stubenecken.

Doch jetzt ging ein Platzregen nieder!
Die Stadt war überall
nur noch ein einziger Wasserfall.
Wildbäche waren die Gassen.

Plötzlich war alles vorüber,
die Sonne kam wieder
und blickte vergnügt
auf die Dächer, die nassen.

Josef Guggenmos

Instrumente	Klangzeichen

① Das Gedicht kann man mit der Stimme, mit Instrumenten und anderen Klangerzeugern verklanglichen.

② Trage die Instrumente und Klangzeichen ein.

Klebe die Kärtchen vom Ausschneideblatt 3 (Seite 47) passend zu den Hörausschnitten ein. Beginne zuerst mit den Überschriften.

Hörausschnitt	Überschrift mit Bild	Beschreibung der Musik
1		
2		
3		
4		
5		
6		

zu Seite 75

Gioacchino Rossini wurde 1792 in Pesaro in Italien geboren. Seine Mutter war Sängerin, der Vater war Orchestermusiker. Schon als Kind fiel er wegen seiner schönen Stimme auf. Deshalb wurde er auch „Schwan von Pesaro“ genannt. Er erhielt früh eine Ausbildung für Klavier, Violine und Horn. Der Berufsalltag seiner Eltern machte ihn mit der Oper vertraut. Als er 18 Jahre alt war, wurde seine erste Oper aufgeführt. Er komponierte über 40 Opern.

Der größte Erfolg seines Lebens wurde die Oper „Der Barbier von Sevilla“. Rossini liebte das große Orchester und setzte die Instrumente wirkungsvoll ein, weshalb er auch große Erfolge und Berühmtheit erreichte. Mit 50 Jahren zog er sich angesehen und gut versorgt aus dem Musikleben zurück. Im Jahre 1868 starb er in einem Ort bei Paris in Frankreich.

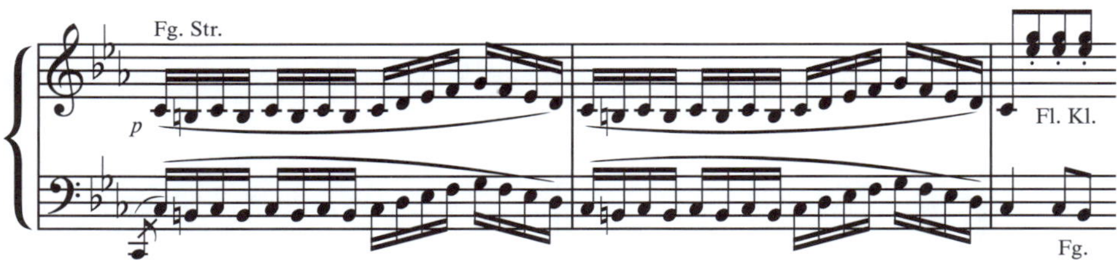

① Hier siehst du drei Notenausschnitte aus der Gewittermusik von Rossini.

② Schreibe jeweils neben die Noten die passende Überschrift:
In der Ferne zieht ein Gewitter auf – Es beginnt zu regnen – Der Donner grollt

Ausschneideblatt 1

Zu Arbeitsheft Seite 18 (Tanz der Rohrflöten)

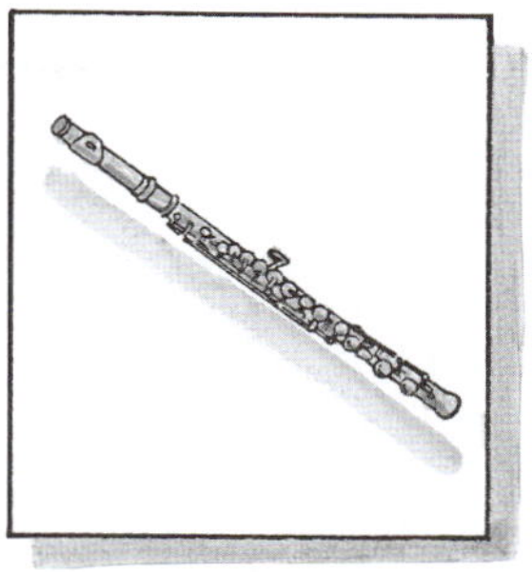

Zu Arbeitsheft Seite 22 (Pacific 231)

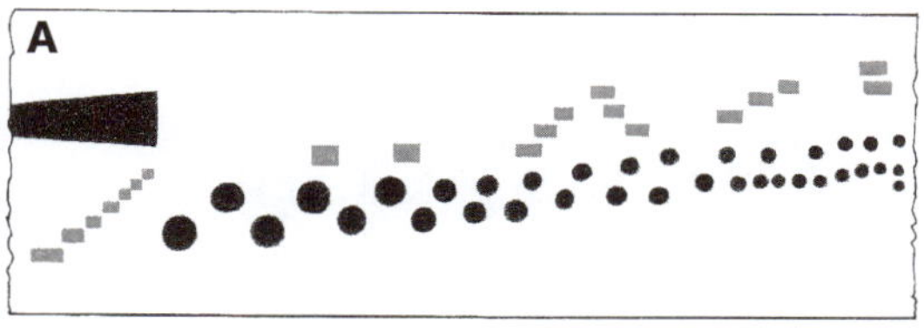

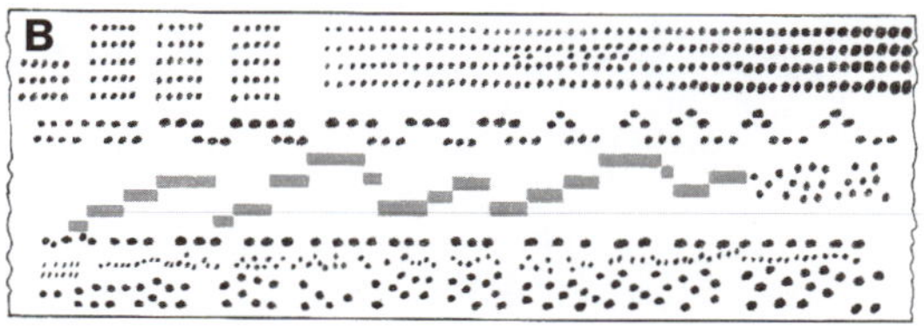

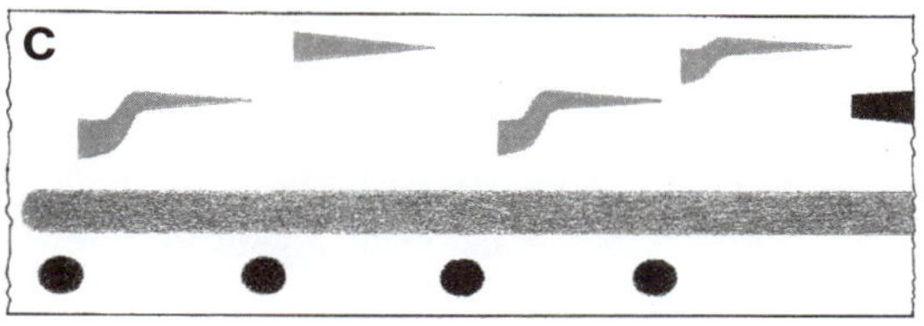

Zu Arbeitsheft Seite 26 (Die Tonleiter)

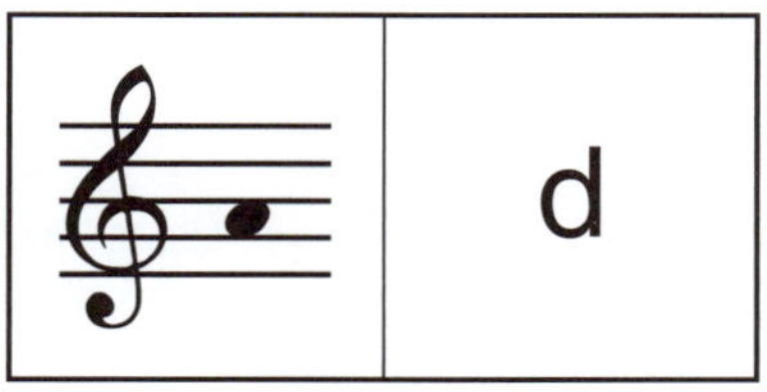

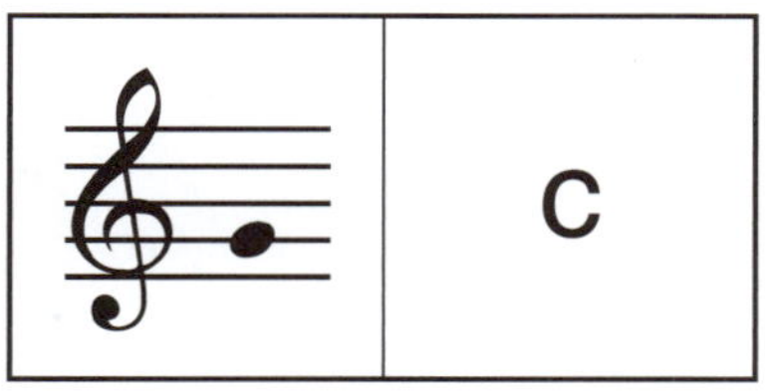

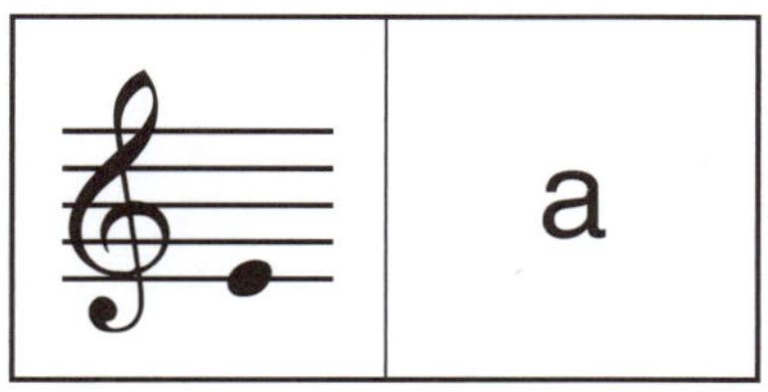

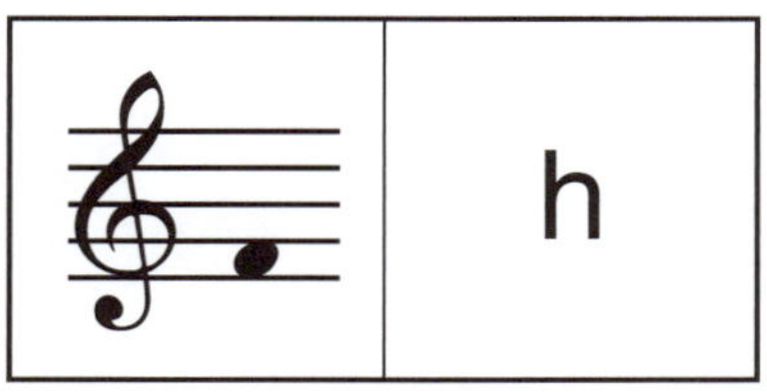

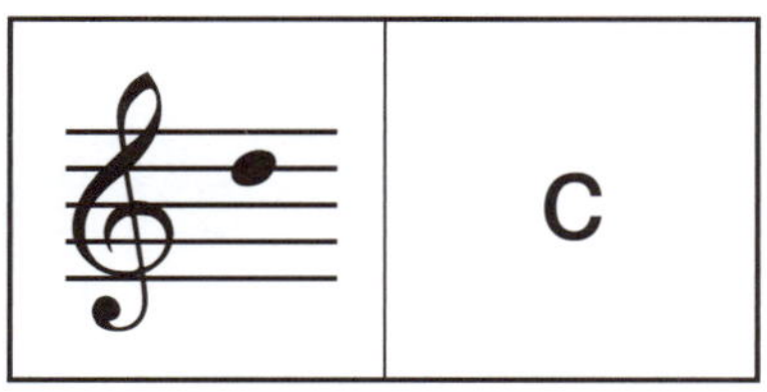

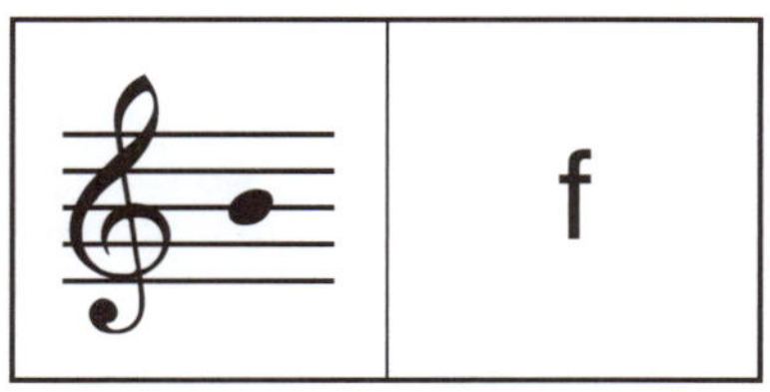

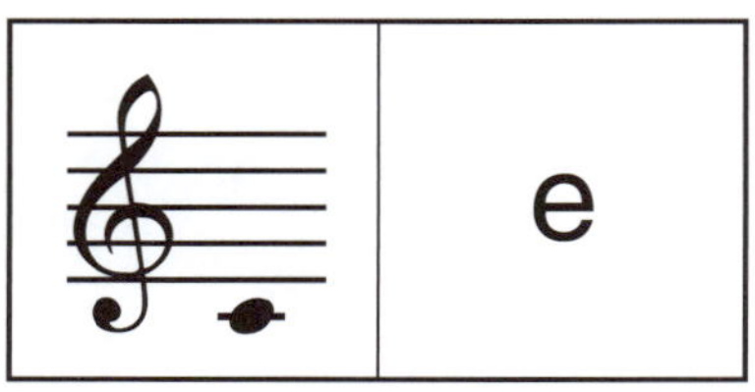

Ausschneideblatt 2

Zu Arbeitsheft Seite 30, 31 (Die Moldau)

„Zwei kleine Quellen entspringen im Schatten des Böhmerwaldes. Die eine warm und sprudelnd, die andere kühl und ernst. Ihre Wellen fließen in eins, schlagen hell an das Gestein und schimmern im Licht der Sonne."

„Schnellfüßig wächst der Gebirgsbach zum Flüsschen Moldau, das sich auf den Weg durch die Landschaft Böhmens begibt. Je weiter sie vordringt, um so mächtiger rauscht ihre Strömung."

„Sie fließt durch dunkle Kiefernwälder, in denen Jagdhörner ertönen."

„Sie fließt durch sonnenhelle Fluren, wo heitere Musik eine Bauernhochzeit anzeigt."

„In der Nacht führen auf ihren vergoldeten Wellen Wassernixen ihren Reigen im Mondlicht auf. In ihren Wellen spiegeln sich stolze Burgen, Zeugen einstigen Ruhmes."

„In den Stromschnellen von Sankt Johann zwängt sich der Fluss zwischen engen Felswänden hindurch."

„Dann aber wälzt er sich breit und majestätisch der Stadt Prag entgegen. Vyšehrad, die alte Burg, heißt den Fluss willkommen. In größter Pracht und strahlendem Glanz entschwindet sie dem Blick des Dichters in unbekannte Fernen."

Zu Arbeitsheft Seite 32 (Die Moldau)

kräftig, laut	Pikkolo, Blechblasinstrumente, Becken Streichinstrumente	Streichinstrumente, Hörner, Triangel, Trompeten
gewaltig, wild tosend	laut und dann verklingend	Streichinstrumente
leise, murmelnd	Trompeten, Becken, Streichinstrumente	Streichinstrumente, Triangel
fröhlich, tänzerisch	geheimnisvoll, zart	Flöten, Streichinstrumente
Flöten, Klarinetten Streichinstrumente gezupft	friedlich, ruhig dahinfließend	

Ausschneideblatt 3

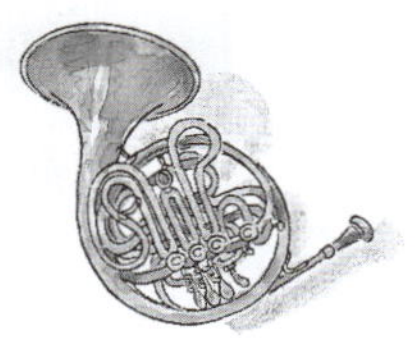
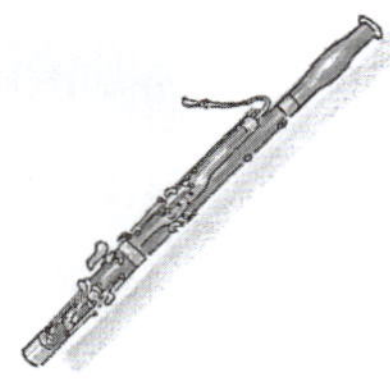
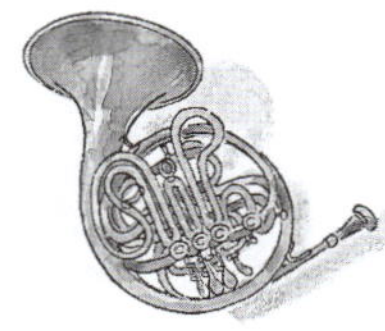

Zu Arbeitsheft Seite 36

(Kleine Kammermusik für 5 Bläser)

Zu Arbeitsheft Seite 41

(Das Gewitter)

○ Das Gewitter ist vorbei.

○ Das Orchester mit Pikkoloflöte und Pauken spielt laut und wild.

○ Zuerst spielen Streichinstrumente und dann auch die Flöte kurze Töne. Danach spielen tiefe Streichinstrumente schnelle Tonbewegungen dazu.

○ Der Donner grollt.

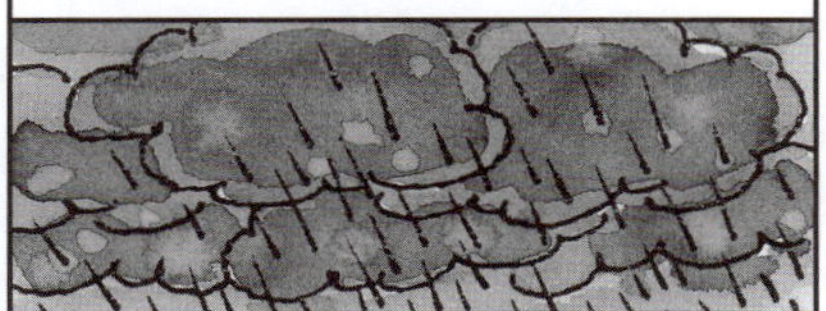

○ Das Gewitter hat nachgelassen, es regnet noch.

○ Tiefe Streichinstrumente spielen ruhige Tonschritte aufwärts. Nach einer Pause folgt der Schlusston.

○ Tiefe Streichinstrumente spielen zweimal leise eine schnelle Tonbewegung. Danach spielt die Flöte jeweils eine kurze Tonfolge.

○ In der Ferne zieht ein Gewitter auf.

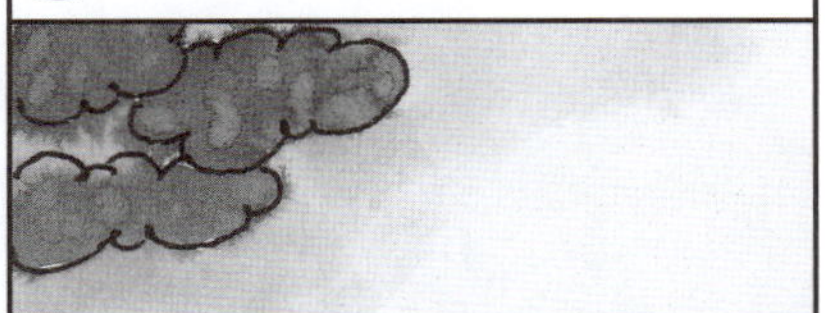

○ Es beginnt zu regnen.

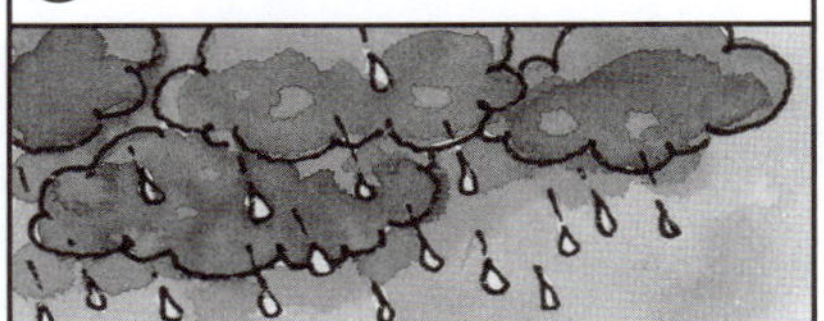

○ Flöte und Streichinstrumente spielen kurze Töne. Dazu spielen tiefe Streichinstrumente einen langen Ton.

○ Streichinstrumente spielen schnelle Tonfolgen. Diese wechseln mit einer Melodie der Holzblasinstrumente.

○ Das Gewitter bricht gewaltig los.